KB053942

코로나 재테크

제로금리
사용설명서

※**일러두기**

- 이 책의 내용은 2020년 7월 초 기준으로 집필되었습니다.

- 이 책은 독자에게 특정 투자대상의 매수나 매도를 권하지 않습니다. 따라서 참고용으로만 활용하시기
  바랍니다.

코로나 재테크

제로금리 사용설명서

매일경제 금융부 지음

매일경제신문사

"변화를 알아야 돈을 번다" 코로나가 바꾼 경제 환경

"아침에 눈을 뜨니 세상이 바뀌었다."

어느 날 일어나 보니 어제와 같은 오늘이 아니었다. 집을 나갈 때는 꼭 마스크를 챙겨야 하고, 만약 마스크를 안 쓰고 승강기를 탔다간 다시 돌아와야 했다. 사람의 온전한 얼굴을 보기 어려워졌다. 동글동글한 눈만 보고 사람을 알아보는 것은 이제 일상이 됐다. 지하철에서 누가 기침이라도 하면 바로 긴장모드로 들어간다. 회사에 가서도 마찬가지다. 당연한 것처럼 생각했던 점심 약속 역시 눈치를 보게 된다. 이미 해놓은 저녁 약속은 누가 먼저 취소할 것인지를 놓고 고민에 빠진다. 그러다 취소를 못해 어정쩡한 상태에서 만나기도 한다. 틈만 나면 손을 씻고 세정제를 바른다. 집에 도착하면 만사를 제쳐놓고 몸부터 씻는다. 몸에 묻어 있을지 모르는 바이러스가 사라지길 바라며 비누를 몇 번씩 칠한다. 얼마전의 생활과 180

도 달라졌다. 사람은 적응의 동물인 것 같다. 하루아침에 급속히 달라진 내 자신이 무척 낯설다. 그래도 어떻게든 살아보려고 꾸역꾸역 적응하는 내 모습이 안쓰럽기도 하다.

　포스트 코로나 시대. 이제는 과거로 돌아갈 수 없다. 그만큼 세상은 달라졌다. 우리만 달라진 것이 아니다. 전 세계가 달라졌다. 앞으로는 더 달라질 것이다. 포스트 코로나 시대에 가장 중요한 것은 '생존'이 됐다. 바이러스는 부자와 가난한 자, 지배자와 피지배자, 지역과 국가를 가리지 않는다. 언제 어디서 창궐하며 많은 사람들의 생명과 생활을 앗아갈지 모른다. 모두가 스스로 보호하지 않으면 생존이 위태로워지는 시대가 됐다.
　생존 다음은 '생활'이다. 이 시대 사람이 생활하는 데 가장 중요한 것이 경제, 즉 먹고 사는 방식이다. 코로나 자체로 피해를 보는 사람보다 코로나가 가져온 경제적 충격으로 피해를 보는 사람이 훨씬 더 많을 것이라는 우려도 나온다. 포스트 코로나 시대의 '경제적 생존'은 물리적 생존 다음으로 중요한 이슈다. 경제적 생존을 위해서는 스스로의 재산을 지키고 때론 불리는 것이 필수다. 자본주의 사회는 모든 사람들을 가만 놔두지 않는다. 경제는 발전하거나 퇴보하거나 둘 중 하나다. 한 상태를 유지하는 것은 불가능하다. 개인도 마찬가지다. 스스로 가진 재산이 불어나지 않으면 줄어든다. 똑같은 상태를 유지하는 것은 마치 강물이 흐르지 않는 것만큼이나 불가능하다.

포스트 코로나 시대의 재테크는 단순히 돈을 불리는 기술이 아니다. 우리가 한 번도 경험하지 못했던 새로운 경제 패러다임 속에서 자신의 경제적 수명을 지키고 늘리기 위한 필수적인 수단이다. 새로운 패러다임에 적응하지 못하면 경제적 생존을 보장받을 수 없다. 스스로 일자리를 지켜야 하고 일해서 모은 돈을 불려나가는 것은 포스트 코로나 시대를 살아가는 사람들의 숙명이다. 효과적인 재테크를 위해서는 먼저 경제 패러다임이 어떻게 바뀌었는지에 대한 이해가 필수적이다. 알아야 돈도 벌고 그 돈을 지킬 수 있다.

우선 코로나는 유례없는 경제적 충격을 가져오고 있다. 코로나 이후 점심이나 저녁 식사를 위해 식당에 들어가면 "곧 문을 닫는다"는 식당이 속속 나온다. 과거 줄을 서야 먹을 수 있을 만큼 붐비던 곳도 예외가 아니다. "왜 문을 닫느냐"고 물어보면 손님이 없어 도저히 운영이 불가능하다는 답이 돌아온다. 사람이 모여서 먹고 마시는 것을 하지 않는데 식당이 버텨낼 재간이 없다. 코로나 경제충격은 이처럼 경제의 실핏줄 역할을 하는 영세 자영업자부터 때리기 시작했다. 눈을 돌려보면 항공, 호텔, 면세점, 백화점 등 사람들이 소비를 하는 곳도 직격탄을 맞았다. 여행을 가지 않으니 항공, 호텔, 면세점은 고객이 끊겼고 백화점에는 사람이 모이지 않는다.

자동차, 반도체, 섬유 등 수출업체들도 타격이 불가피하다. 코로나 충격은 우리나라만 때린 것이 아니기 때문이다. 전 세계가 코로나로 몸살을 앓고 있으니 다른 나라가 소비를 줄이면 우리나라 수출업체들이 타격을 입는 것은 불 보듯 뻔한 일이다. 이처럼 내수와 수출 등 전방위적으로 경제가 충격을 받는 것은 포스트 코로나 시대의 불가피한 현상이다. 경제는 살아 움직이는 유기체 같다. 충격이 지나면 반등 기회가 온다. 코로나로 소비를 줄인 사람들은 코로나가 진정되면 다시 소비를 늘릴 것이다. 그러면 기업들도 자연스럽게 생산을 늘리고 경제는 다시 살아날 수 있다. 하지만 코로나가 주는 충격을 견디지 못하고 무너지면 나중에 찾아올 기회를 잡을 수가 없다. 이런 경제 상황 속에서 사람들은 어떻게 행동해야 할까.

경제위기 때는 '경제적 생존'이 1차 목표가 돼야 한다. 생존을 해야 다음을 노려볼 수 있다. 자영업자가 문을 닫는다거나 중소기업이 부도가 나면 다음을 기대할 수 없다. 개인의 경우도 빚을 갚지 못해 신용불량자가 된다면 그 낙인은 오래간다. 조금 웅크리더라도 살아남는 것이 중요하다. 빚을 얻어 사업을 늘리거나 소비를 늘리는 것은 바람직하지 않다. 코로나가 가져올 경제적 충격을 최소화하는 게 먼저다.

경제상황에 대해 구체적으로 인식하는 것도 중요하다. 코로나로 인한 경제충격은 '아래로부터의 충격'이라는 점에서 우리가 겪었던 1997년 외환위기, 2008년 금융위기와 근본적으로 다르다. 외환위기는 대기업과 금융기관의 부채위기로부터 시작된 '위로부터의 위기'였다. 금융위기는 미국 금융기관의 부실화로부터 온 '밖에서부터 온 충격'에서 비롯됐다. 반면 코로나 경제위기는 경제의 실핏줄부터 끊어놓는 방식으로 파급되는 위기다. 자영업자부터 시작되어 중소기업, 대기업, 금융기관으로 파급된다.

위기가 시작되는 분야도 근본적으로 다르다. 코로나 위기는 소비와 생산의 동시 충격에서부터 비롯된다. 외환위기는 생산의 충격에서 비롯됐고 금융위기는 부동산 등 자산가격 급락에서 시작됐다. 코로나가 발생하면 개인들은 소비를 줄인다. 생산 활동 역시 위축된다. 맞벌이 부부는 자녀 양육을 위해 회사에 나가지 않고 국가 전체적으로는 생산보다 방역에 초점을 맞추게 된다. 소비가 위축되면 수요가 줄어들고 생산이 위축되면 공급도 줄어든다. 소비와 생산이 동반 감소하는 악순환. 이것이 코로나 경제 충격의 본질이다.

성장하는 분야도 있다. 비대면 방식의 경제활동이 활발해지는 것은 새로운 특징이다. 코로나가 사람들의 접촉을 기피하게 만들면서 사람들은 서로 얼굴을 보지 않고 경제활동을 할 수 있는 방법들을 찾아내기 시작했다. 시장에 가는 대신 온라인으로 물건을 구입하고 직장에 가는 대신 인터넷을 활용해 업무를 처리한다. 그러다보니 비대면을 활용하는 산업은 코로나 와중에도 빠른 속도로 성장하고 있다. 이 때문에 경제의 '디지털 전환'은 그 어느 때보다 빠르게 진행될 것으로 예상된다.

나라 밖으로 눈을 돌려 상황을 이해할 필요도 있다. 세계 각국이 코로나 예방을 위해 서로 문을 걸어 잠그고 있어 '경제 민족주의' 경향도 뚜렷하게 진행되고 있다. 세계에서 가장 큰 두 나라인 미국과 중국부터가 서로에 대한 정치적·경제적인 적개심을 드러내고 있다. 개인 간 격리가 국가 간 격리로 확대되는 움직임도 뚜렷해지고 있다. 하지만 국가 간 격리가 발생한다고 해서 각국 경제가 다른 나라와 무관하게 움직이는 것은 아니다. 미국인들이 자주 찾는 월마트에 있는 제품의 90% 이상이 중국산이다. 미국이 중국에 대해 무역 보복을 자주 이야기하고 있지만, 실제로 중국으로부터 수입을 전면 중단한다면 미국 사람들이 정상적으로 먹고 사는 것이 불가능해진다. 미국의 무역 보복에 대응해 중국이 보유하고 있는 미국 국채를 시장에 내다 판다면 글로벌 금융시장은 마비된다. 각국이 코로나 사태 이후로 서로 으르렁거리고 있지만, 경제적 전면전으로 치달을 경우 모든 나라 경제가 공멸할 만큼 세계는 서로 얽히고설켜 있다. 포스트 코로나 시대에 오히려 글로벌 마인드가 필요한 이유다.

정부의 영향력도 한층 커졌다. 자본주의 시장경제는 태생적으로 정부의 경제 개입에 강한 거부감을 갖고 있다. 정부가 개입하면 시장 효율성이 가로막히기 때문이다. 시장이 제대로 작동하지 않거나 시장이 자원배분에 실패할 경우에만 정부 개입은 정당화됐다. 하지만 코로나 사태로 정부가 개입하지 않으면 경제가 돌아가지 않는 상황에 처했다. 코로나로 경제가 멈춰 섰을 때 정부라도 나서서 경제를 돌려야 한다. 사람들이 소비를 안 해 자영업자와 기업들이 무너지기 시작하면 경제는 마비된다. 정부가 나서서 물건을 사주고 돈을 뿌려 소비와 투자를 일으켜야 하는 이유다.

또 기업들이 돈이 없어 부도 위기에 몰렸을 때도 정부가 일시적으로 돈을 지급해 기업의 생명줄을 이어가야 한다. 경제적으로 낙오되는 사람들은 정부가 아니면 보살펴줄 곳이 없다. 미국, 중국, 유럽, 일본 등 우리 주변 많은 국가들의 정부가 앞 다퉈 시장에 돈을 뿌리고 있는 현실도 이 같은 분위기를 반영한다. 정부가 어느 정도의 돈을 푸느냐에 따라 시장이 출렁거린다. 중앙은행이 나서서 금리를 낮춰 돈 값을 떨어뜨릴 수도 있다. 반면 정부가 채권을 발행해 돈을 풀 경우 채권 값이 떨어져 시장에서는 금리가 오를 수도 있다. 정부가 어떤 목적으로 어떤 정책을 펴는지 꼼꼼히 살펴보고 맥락을 이해할 필요가 있다.

금리가 0%에 가깝게 된 것은 코로나 사태 이전부터 진행된 경제현상이다. 미국, 유럽, 중국, 일본 등 세계 각국이 경기가 어려울 때마다 금리를 낮춰 경기를 부양하면서 많은 국가들의 금리가 0%에 가깝게 형성돼 있었다. 코로나 사태는 제로금리를 더욱 심화시키는 요인이다. 금리가 0에 가깝게 형성돼 있을 땐 여러 가지 경제현상이 발생한다. 일반적으로 개인과 기업들이 돈을 빌리기가 쉽다. 돈을 빌려 사업하기 좋은 환경이다. 반대로 돈을 많이 가지고 있는 사람들은 돈을 빌려줘도 이자가 얼마 되지 않는다. 그렇기 때문에 단순히 돈을 빌려주기보다는 다른 투자를 해서 수익을 올리는 것이 낫다고 생각한다.

하지만 돈이 너무 많이 풀려 금리가 0에 가깝게 되는 현상은 돈을 빌리려는 사람이 거의 없을 때 발생한다. 경제 내에 돈에 대한 수요가 거의 없다는 얘기다. 거꾸로 말하면 돈을 빌려 뭔가를 해보고자 하는 의지가 없는 경우라고 할 수 있다. 금융회사에 예금하고 이자를 받아 돈을 불리려고 계획하는 사람들은 당분간 계획을 접는 게 좋다.

기존 화폐에 대한 믿음도 사라지고 있다. 돈이 너무 많이 풀렸는데도 사람들이 돈을 쓰지 않으니 돈이 계속 제구실을 할 수 있을 것인지에 대한 의구심이 커지고 있는 것이다. 실제 이렇게 풀린 돈들이 돌아다니면 경제가 큰 혼란에 빠져들 것이 불 보듯 뻔하다. 그러다 보니 사람들이 화폐가 아니면서 화폐 구실을 하는 '디지털 화폐'에 빠져들기 시작했다. 비트코인이라는 가상화폐는 기술 발전의 산물이기도 하지만 기존 화폐제도에 대한 불신을 반영한 것이기도 하다. 경제의 디지털화가 진행되고 화폐제도의 문제점이 노출되면서 가상화폐에 대한 관심은 더 커질 것으로 예상된다.

화폐가 제구실을 못하면 실물자산에 대한 관심이 커지는 것은 어찌 보면 당연하다. 금, 부동산 등 전통적인 투자 수단이 각광받을 수 있다. 아울러 광산물이나 원유 등에 대한 관심도 커지고 있다. 실물 자산 중에서 금을 제외하고 부동산, 원유, 광물 등에 대한 투자는 거액이 소요되기 때문에 일반인들은 엄두를 못 냈다. 하지만 최근에는 이들 자산을 기초자산으로 해서 파생되는 상품들이 잇달아 등장하고 있다. 제로금리 시대에는 이들 대체 투자 상품에 대해서도 관심을 둬볼 만하다.

포스트 코로나 시대에는 알아야 돈도 벌 수 있다. 이 책은 '세상의 변화를 이해하고 그 속에서 사람들이 자신의 재산을 지키고 불리려면 어떻게 해야 하는지'에 대한 내용을 담았다. 기자들이 현장 곳곳에서 보고 들은 생생한 정보들을 경제적 지식과 결합해 재구성했다. 이 책을 통해 '포스트 코로나 시대'에 많은 사람들이 경제적 어려움을 겪지 않고 스스로 성장의 길을 모색하는 계기를 마련하길 기대해본다.

매일경제신문
금융부장 노영우

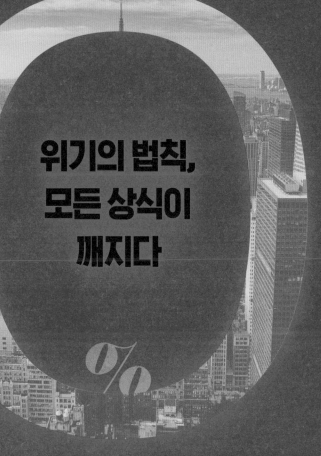

PART
1

위기의 법칙,
모든 상식이
깨지다

제로금리가
바꿔놓을 것들

세계 각국이 금리 낮추기 경쟁에 돌입했다. 제로금리는 기본이고 마이너스금리까지 등장했다. 경제학 교과서에도 나오지 않는 일이 벌어지면서 전 세계 금융회사와 투자자들은 고민에 빠졌다. 한국은행도 코로나 사태 이후 금리를 두 차례나 급격히 내리면서 2020년 7월 현재 기준금리가 0.5%까지 떨어진 상황이다. 물가상승률을 감안하면 실질적으로 제로금리를 넘어 마이너스금리나 다름없다. 경기상황에 따라서는 추가적으로 금리를 인하할 가능성도 크다.

문홍철 DB투자증권 연구위원은 "우리나라와 유사한 금융체력을 갖춘 나라 상당수가 제로금리에 들어섰다. 위기 상황이기는 하지만 우리나라가 제로금리로 이행한 것은 예상되는 수준"이라고 말했다.

저성장 탈출 위한 제로금리 정책

유럽 각국과 일본은 저성장에서 탈피하기 위해 제로금리를 넘어 마이너스금리 정책까지 구사하고 있다. 이로 인해 글로벌 마이너스금리 채권 규모는 전 세계 투자등급 채권의 3분의 1 가량인 17조 달러에 육박할 정도다. 이들 채권에 투자하면 투자금액보다 적은 돈을 돌려받지만, 이 채권을 매입하려는 수요가 넘쳐난다. 경기 불안으로 안전자산에 대한 선호가 꾸준히 증가하고 있기 때문이다. 마이너스금리여서 현금보다 못한 것 같지만 채권 쿠폰이자와 현금 보관비용 등을 감안해 비교하면 채권 투자 수익률이 낫다.

이 때문에 선진국 국채 가격과 금값은 천정부지로 치솟는 분위기다. 강력한 수요로 인해 독일, 네덜란드, 덴마크, 스위스 국채는 현재 모든 채권이 마이너스금리에 거래되고 있다. 이 때문에 미국과 스웨덴 등은 만기 50~100년인 초장기 국채 발행도 검토 중이다. 오스트리아가 발행한 100년 만기 국채 수익률도 연 0.75% 수준에 불과하다.

황세운 자본시장연구원 연구위원은 "주요국 중앙은행들이 마이너스금리 정책을 펼치면서 보험사나 연기금 등 투자자들이 조금이라도 이자를 주는 장기 채권에 대한 투자를 늘리고 있다"고 설명했다. 실제로 독일, 네덜란드, 덴마크, 스위스 등에서는 만기와 관계없이 모든 국채가 마이너스금리에 거래된다. 독일과 스위스의 30년 만기 국채는 2019년 처음으로 마이너스 영역에 진입했고, 일본과 프랑스의 10년 만기 국채 또한 마이너스 수익률을 기록하고 있다.

세계 주요국 중에서 유일하게 플러스 수익률을 주는 미국 국채 또한 장기 금리가 큰 폭으로 하락하고 있다. 미국 10년 만기 국채 금리는 2019년 1% 이상 하락해 1%대 중반에 거래되는 상황이다.

돈 빌리면 이자 주는 상품

마이너스금리는 개인 생활에도 영향을 주고 있다. 덴마크 위스케 은행은 10년 만기 주택담보대출에 -0.5%의 금리를 매겼다. 1억 원을 빌린 사람이 매년 50만 원씩 받는 방식이다. 만기 때 돌려줄 돈이 사실상 9,950만 원이라는 얘기다. 또한 스위스 UBS는 2019년 11월부터 잔액이 200만 스위스프랑(약 26억 원)이 넘는 개인 계좌에 연 0.75%의 수수료를 부과한다. 마이너스대출과 예금에 대한 지금까지의 상식과는 정반대 일이 벌어지고 있는 것이다.

제로금리로 금융회사 수익성도 악화될 전망이다. 예대금리 차이에서 발생하는 순이자마진이 하락하면서 수익성 악화가 현실로 나타나고 있다. 마이너스금리를 겪고 있는 일본 은행들은 단기 국채로 운용하는 머니마켓펀드MMF 판매를 중단하는 등 취급상품 구조조정에 나섰다.

저성장에서 시작된 제로금리는 사람들의 생활도 바꿔 놓고 있다. 일본이 제로금리 정책을 시행한 지 20년이 넘었지만 금리가 낮다고 해서 투자가 늘고 주식이나 부동산 가격이 오르며 사람이 소비를 늘리는 등의 현상은 거의 없었다. 오히려 경기 불안에 대한 우려 때문에 소비를 덜해 마이너스금리를 가속화하는 결과로 이어지고 있다.

스웨덴이나 덴마크, 유럽연합(EU) 등 유럽 국가들의 경우 제로금리 도입 이후 개인의 삶에 커다란 변화가 나타나고 있다. 스웨덴 룬드에 사는 안더스 닐슨 씨는 매달 SEB은행에 계좌 이용료로 35크로나(약 4,500원)를 낸다. 계좌와 연동한 체크카드 사용료는 별도다. SEB은행은 스웨덴 국민 대부분이 이용하는 최대 금융사다. 은행 계좌를 이용할 때 돈을 내는 것은 기본이고, 거액 예금에 추가로 보관료를 내기도 한다. 은행에서 돈을 빌릴 때 원금보다 적게 갚아도 되는 상품까지 등장했다.

2009년 일시적으로 제로금리를 도입했던 스웨덴 중앙은행은 2014년 다시 제로금리로 돌아갔다. 제로금리가 장기화되면서 스웨덴 국민들은 보통예금(입출금이 자유로운 은행 상품) 외의 은행 상품에 가입해 본 적이 없다. 은행에 돈을 맡겨도 이자가 거의 없어서 저축의 필요성을 느끼지 못하기 때문이다. SEB은행에서 판매하는 정기예금 상품은 5년 만기 이자가 0.65%에 불과하다.

급격히 줄어드는 재테크 마인드

제로금리 정책이 10년 가까이 자리 잡은 스웨덴 등 북유럽 국가에서는 재테크에 대한 인식이 거의 없다. 매달 월급 중 30% 이상을 세금으로 내기 때문에 저축할 여력이 많지 않은 데다 돈을 맡기면 불릴 수 있도록 이자를 주는 상품이 거의 없기 때문이다. 주택담보대출 금리가 연 1%대에 불과하지만 돈을 빌려 투자하는 사람을 찾기 어렵다. 은행에서 돈을 안 빌리고 안 맡기는 것이 일반화되어 있는 것이다.

핀란드계인 노르데아은행은 이자를 받지 않는 20년짜리 고정금리 주택담보대출 상품을 조만간 출시할 계획이다. 네덜란드 국민들은 종종 터키 등 외국계 은행이 판매하는 연 1~2% 금리의 예·적금 상품에 돈을 넣는다. 네덜란드 은행 예·적금 이자가 연 0.02~0.03%에 불과해 터키 은행 등이 특판 상품을 내놓을 때는 사람이 몰릴 정도다.

아시아권에서 유일하게 제로금리를 넘어 마이너스금리를 도입한 일본에서도 2019년부터 주요 은행이 계좌 수수료 도입을 검토하고 나섰다. 30년 가까이 제로금리를 겪었던 일본은 2016년 2월에 처음 마이너스금리를 도입하면서 시중은행의 수익성이 급격히 악화하고 있다. 마이너스금리를 시행한 이후 일본은행의 예대금리 차는 1%에도 못 미치고 있다.

연금에 대한 불안감도 커지고 있다. 일본공적연금GPIF은 마이너스금리에 진입한 2016년 국내·국외 채권투자 수익률이 각각 -0.85%, -3.22%를 기록했다. 이로 인한 손실액은 9,920억 엔에 달한다. 〈월스트리트저널〉은 "전 세계 각국의 마이너스금리가 연금 생활자를 위협하고 부동산 거품 리스크를 만들고 있다"고 우려했다.

제로금리로 은행 수익 급감

'제로금리 사회' 유럽에서는 2019년 4만여 명의 은행원이 일자리를 잃었다. 초저금리 사회로 접어든 뒤 수익성에 치명타를 입고 고군분투해온 유럽 대형 은행들이 결국 인원 감축을 포함한 구조조정의 칼을 빼들었기 때문이다. 독일 2대 은행인 코메르츠방크는 2019년 10월 총고용 인원의 10%인 4,300명을 내보내고, 전체 영업점의 20%에 달하는 200개 지점을 폐쇄하겠다는 계획을 발표했다. 2016년부터 고강도 구조조정을 이어왔지만 유로존 재정위기, 지속되는 초저금리, 업계 경쟁 심화 등 악조건 속에서 정상화는 역부족이었다. 앞서 독일 내 1위 은행인 도이체방크는 직원 9만여 명 중 20%에 달하는 1만 8,000명을 해고하는 안을 발표했고, 그 밖에도 글로벌 진출해 있는 HSBC, 소시에테제네랄 등 덩치 큰 유럽계 은행들이 일제히 인원 감축을 포함한 경영 개선 작업에 돌입했다.

이렇게 '제로금리'가 은행을 무너뜨리는 파급 효과가 현실로 나타나면서 우리나라 은행권에도 먹구름이 짙게 드리우고 있다. 글로벌 금융위기 이후 국내 주요 은행들이 이자이익에 기댄 실적을 기록하며 덩치를 키워왔지만, 이자이익이 하락할 수밖에 없는 저금리 기조에서 이 같은 실적 잔치는 '폭풍전야'일 뿐이란 불안감이 엄습해 있다.

불안감의 기저에는 은행의 전통적인 수익원인 예대마진 하락이 있다. 예대마진은 대출금리에서 예금금리를 뺀 값이다. 은행이 고객에게 예·적금을 받고 그 돈으로 대출을 해주면서 금리 차이에 의해 수입을 올리는 것을 말한다. 한국은행에 따르면 은행권 예대금리차는 2018년 12월 2.31%포인트에서 2020년 3월 1.84%포인트로 급감했다. 2018년 상·하반기에 걸쳐 1.67% 수준을 유지해온 은행권의 이자이익성 지표인 순이자마진NIM도 2020년 3월 역대 최저 수진인 1.46%에 그쳤다.

이 같은 예대마진과 순이자마진 하락 현상은 저금리 전망에 따라 시중금리와 은행 대출금리가 잇따라 크게 하락한 영향이 크다. 은행업권 안팎에선 수년 전부터 '이자이익 쏠림 현상을 완화하기 위해 비이자이익 비중을 높여야 한다'는 지적이 잇따랐지만 돌파구는 요원하다. 금융감독원에 따르면 국내 은행 총이익 중 이자이익 비중은 2019년 기준으로 80%를 넘어선다. 비이자이익 비중은 10%대 초반에 불과하다.

반면 글로벌 은행들은 다른 모습이다. 2018년 기준 미국 웰스파고의 비이자이익 비중은 43%, 캐나다왕립은행RBC 54% 등으로 수익원을 다변화하고 있다. 문제는 앞서 유럽·일본 등의 사례를 보더라도 금리가 하락할수록 예대마진은 더 줄어들 수밖에 없다는 점이다. 2020년 5월 한국은행의 기준금리 인하로 기준금리는 역대 최저치인 0.5%로 떨어졌다. 예대마진에서 비상등이 켜진 것이다.

특히 당장 대응 여력이 있는 대형은행보다는 덩치가 작은 지방은행에 대한 우려의 시각이 많다. 일본에서도 마이너스금리 도입 이후 은행 경영난은 지방은행부터 덮치고 있다. 일본감독청에 따르면 일본의 지방은행 106곳 중 50여 곳이 적자 상태다. 이병윤 한국금융연구원 선임연구위원은 "국내 지방은행은 수익성 지표가 글로벌 금융위기 직후 수준을 회복하지 못하고 있고, 생산성을 보여주는 1인당 영업이익도 정체 상태다. 지역경제 침체까지 겹쳐서 불리한 여건"이라고 말했다.

상황을 타개하기 위해 은행들도 핀테크 서비스 개발과 해외 영토 확장, 비이자 수입 확대 등 새로운 수익원 발굴에 나서고 있다. 임형석 한국금융연구원 선임연구위원은 특히 은행들이 시장 변동성이 낮은 안정적인 수익처를 발굴해야 한다고 강조했다. 그는 "국내 은행은 비이자이익이 낮을 뿐 아니라 경기 상황에 민감한 수익 증권 판매나 방카슈랑스 등 업무 대행 수수료 비중이 높은 상황이다. 고령화에 따른 자산관리 수요 증대 상황 등을 감안해 수수료 수입을 늘려야 한다"고 제안했다.

역마진에 떨고 있는 보험사

저금리 여파는 보험사 경영에도 직격탄을 날리고 있다. 인구 고령화와 시장포화, 경기 부진 등으로 핵심 영역인 보험사업의 손실이 커지는 가운데 저금리는 투자 부문에서도 수익 악화로 이어지고 있기 때문이다. 특히 저금리는 보험산업 기반마저 흔들고 있다. 2019년 일반저축성보험 수입보험료는 전년에 비해 17.4% 감소한 26조 3,000억 원으로 집계됐다. 보험사들이 부채가 늘어나는 것을 꺼려해 소극적으로 판매한 것도 있지만, 무엇보다 저금리 장기화로 보증이율이 하락한 것에서 원인을 찾을 수 있다.

특히 저축성보험 대신 보장성보험을 많이 판매한 보험사들의 수입보험료 감소에 따른 수익성 악화가 두드러졌다. 개인연금 또한 저금리에 세제혜택마저 줄면서 상품경쟁력이 줄어들고 있다. 2023년 도입되는 새 국제회계기준(IFRS17)도 부담이다. 여기에 대응하기 위해서는 적절한 규모의 증자와 함께 책임준비금을 더 쌓아야 한다. 벌어들이는 돈은 갈수록 줄고, 있는 곳간은 줄줄이 새고 있는 형국이다. 이 때문에 일부에서는 대대적인 보험사 구조조정 얘기가 나오고 있다. 과거 일본에서도 저금리에 제대로 대응하지 못한 보험회사 8곳이 줄도산하기도 했다. 또한 고금리 상품 계약을 강제로 바꾸도록 정부가 유도하는 등 보험업계가 큰 홍역을 치른 바 있다.

디플레이션 온다

디플레이션deflation은 물가가 하락하고 경제활동이 침체되는 현상을 말한다. 통상적으로 일정 기간 이상 물가가 지속적으로 하락했을 때를 '디플레이션 국면에 접어들었다'고 설명하곤 한다. 물가가 떨어지며 일부 긍정적인 부분이 있다는 표면적인 이유를 들어 디플레이션의 위험을 과소평가할 수도 있다. 하지만 수요와 공급을 기본으로 하는 경제활동에서 일단 디플레이션이 시작되면 '언제가 끝인지 모를' 침체의 늪으로 빠져들게 된다. 한번 시작되면 치명적인 결과로 이어질 수밖에 없는 것이 바로 'D의 공포'다.

물가 하락 압력은 두 가지 방향에서 가해질 수 있다. 수요의 측면, 그리고 공급의 측면이다. 공급 측면에서의 물가 하락 압력은 '과잉생산'을 뜻한다. 상품이 시장의 수요보다 과하게 공급되면 가격은 떨어질 수밖에 없다. 산유국들이 시장에서 필요한 수준보다 원유를 과하게 증산하면서 유가가 하락한 것이 대표적인 예라고 할 수 있다.

수요에 변동 없이 공급에만 과잉이 있다면 경제의 '기초 체력'에 크게 이상이 있다고 보기는 어렵다. 시장 수요에 변함이 없는 한 경제는 일단 정상적으로 가동될 수 있기 때문이다. 유가하락처럼 특정 부문에서의 가격 하락은 오히려 다른 부문의 수요를 자극할 수 있다는 면도 있다. 유가 하락은 사실상 소비자의 구매력을 상승시켜 다른 부문에 돈을 쓸 수 있는 여력을 갖추게 해준다는 것이다. 지난 2015년을 전후로 유가가 지속적으로 하락했을 때 정부가 디플레이션에 대한 대책을 세우기보다는 소비진작 정책을 내세웠던 것도 같은 맥락이다. 유가하락으로 국민들이 필수적으로 소비해야 하는 비용을 아낄 수 있기에, 그만큼의 절약분을 소비로 유도하자는 계획이었다.

이후 한국을 포함한 전 세계는 각자 자국의 돈을 찍어내며 '돈 풀기'에 나섰다. 유가하락으로 각국 중앙은행들이 중앙은행의 제1 의무인 '물가안정' 제약에서 벗어날 수 있었던 탓이다. 시중에 돈이 많이 풀릴수록 돈의 가치가 떨어져 재화·서비스의 가격이 오르는 것이 경제학에서 말하는 기본 물가 메커니즘이다. 돈의 가치를 지키는 것은 중앙은행의 몫이다. 하지만 산유국들이 정치적인 판단으로 원유를 증산해 유가가 떨어지면서 물가지표가 무의미해졌다. 기본적으로 물가지표에는 유가를 비롯한 에너지의 비중이 큰 부분을 차지한다.

유가로 인해 물가가 오히려 하락하는 상황에서 중앙은행 입장에서는 돈 풀기를 자제해야 한다는 논리를 설정하기 어렵다. 거꾸로 경기를 부양해야 하는 입장이 됐기 때문이다. 한국을 비롯한 각국 중앙은행은 기준금리를 낮추는 등 열심히 돈을 풀어왔고, 각국 경제는 저금리라는 '링거'를 맞으면서 오늘까지 꾸역꾸역 버텨냈다. 반대급부로 부동산을 비롯한 자산시장은 비정상적으로 불어났다.

수요 부문 충격, 도미노 되나

이 와중에 닥쳐온 코로나 사태는 경제 충격을 배가시킬 수밖에 없는 것이 당연하다. 더군다나 코로나 사태는 공급 부문이 아닌 수요 부문에 충격을 준 사안이다. 공급과잉이 아닌 소비위축이 물가하락에 영향을 줬다는 것이다.

수요 부문에서의 물가하락은 공급 부문에서의 물가하락에 비해 훨씬 심각한 위험성을 지닌다. 수요의 위축이 다시 공급의 축소를 불러오고, 이것이 다시 수요를 위축시키는 악순환의 시작을 의미하기 때문이다. 이 과정에서 고용도 위축을 거듭하게 된다. 한국은행이 가장 두려워하는 것 역시 이처럼 수요 부문에서의 물가하락이 본격화되면서 경기침체가 시작되는 것이다. 진정한 의미의 '디플레이션'인 셈이다.

그렇기에 한국 경제는 물론 세계 경제가 디플레이션의 소용돌이

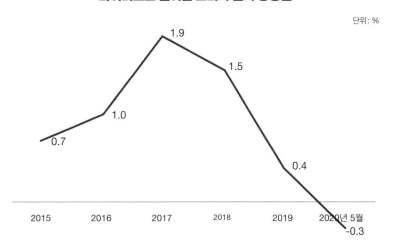

마이너스로 떨어진 소비자 물가 상승률

단위: %

- 2015 : 0.7
- 2016 : 1.0
- 2017 : 1.9
- 2018 : 1.5
- 2019 : 0.4
- 2020년 5월 : -0.3

자료: 한국은행

속으로 빠져들 개연성이 있는 상황이다. 코로나19가 확산됐던 2020년 2~4월 지표에서 알 수 있듯, 코로나19는 소비, 그러니까 물가 하락에 있어서는 수요 측면에 직접적인 타격을 입혔다. 한국은행에 따르면 2020년 1분기 민간소비 증가율은 전분기 대비 -6.4%였다. 가히 쇼크 수준이라 할 만하다.

한국의 대표 상권으로 꼽히는 서울 명동도 직격탄을 맞았다. 매일경제가 2020년 4월 서울 명동 주요 매장 영업 현황(골목길과 세부 도로는 제외)을 취재한 결과 매장 총 368곳 가운데 휴·폐점 매장(공실 포함)이 117곳(4월 넷째 주, 각 건물 1층 입점 매장 기준)으로 집계됐다. 구체적으로 들여다보면 휴업 89곳, 폐업 20곳, 공실 8곳으로 휴·폐점률이 31.8%에 달했다. 3곳 중 1곳이 문을 닫은 셈이다. 이

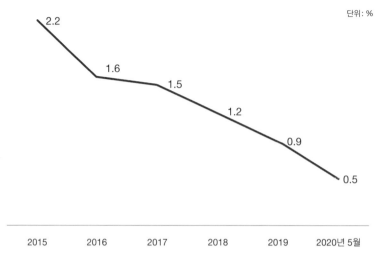

추락하는 근원물가 상승률

단위: %

2.2
1.6
1.5
1.2
0.9
0.5

2015   2016   2017   2018   2019   2020년 5월

자료 : 한국은행

번 조사는 주요 대로 1층 매장만을 대상으로 한 것이어서 명동 지역의 실핏줄 같은 골목길과 2층 이상 매장까지 감안한다면 상황이 훨씬 더 심각할 것으로 추정된다.

이 같은 소비절벽으로 인해 '근원물가 상승률'이 외환위기 영향을 받았던 1999년 이후 21년 만에 최저치를 기록한 것으로 나타났다. 근원물가는 계절적 영향이 큰 농산물과 글로벌 가격 변동에 좌우되는 석유류 등 53개 품목을 제외한 407개 품목을 대상으로 하는 핵심 물가지수다. 쉽게 말해 '공급 측면'이 물가에 미치는 영향을 배제하고 최대한 '수요 측면'의 물가 영향을 볼 수 있는 지표라고 할 수 있다. 이를 디플레이션 징후라고 보는 데에도 무리가 없을 정도다.

통계청에 따르면 2020년 4월 근원물가는 2019년 4월 대비 0.3% 오르는 데 그쳤다. 이는 1999년 9월(0.3%) 이후 20년 7개월 만에 최저 수준이다. 이런 현상이 지속되면 연간 기준으로도 한국은행의 2020년 근원물가 상승률 전망치(0.7%)를 밑돌 것으로 보인다. 안형준 통계청 경제동향통계심의관은 "코로나로 소비 패턴이 변한 게 물가에 영향을 미쳤다. 외출을 자제하다 보니 외식 수요가 줄었고, 고교 2학년 무상교육으로 공공서비스 물가가 하락한 점도 낮은 물가상승률의 주요 원인"이라고 설명했다. 수요와 공급 측 요인이 동시에 영향을 미쳤다는 얘기다.

근원물가 상승률이 둔해진 것은 코로나 사태로 인한 소비 절벽이 본격화했다는 것을 의미한다. 꼭 소비해야 하는 농산물 등 식료품과 석유류 등을 제외한 다른 품목에서는 소비가 거의 일어나지 않았다는 것이다. 2020년 4월 식료품 등을 포함한 소비자물가도 전년 동월보다 0.1% 오르는 데 그쳤다. 소비자물가 상승률은 2019년 12개월 연속 0%대를 기록하다 2020년 들어 1~3월 1%대를 회복했지만 4개월 만에 다시 주저앉게 됐다.

품목별 물가로는 승용차 임차료(렌트) 비용이 전년 동월 대비 16% 하락했고, 해외단체여행비 역시 10.1% 떨어졌다. 해외단체여행비는 조사할 수 있는 상품 자체가 없어서 마지막으로 가격을 조사한 2월 수치를 쓰는 초유의 상황을 맞기도 했다. 오락·문화 물가도 2.5% 하락했다. 모든 국민이 외출을 자제하면서 서비스 물가도

0.2% 오르는 데 그쳤다. 특히 외식 물가 상승률은 0.8%로 둔화했다. 전월 대비 외식 물가 상승폭이 4개월 연속 0%대에 머무른 건 메르스가 발생한 2012년 5월~2013년 2월 이후 처음이다. 쉽게 말해 코로나19 공포 때문에 나가지 않고, 놀지 않으며, 외식도 하지 않으면서 지갑을 닫았다는 얘기다.

2020년 4월 '마이너스 유가'의 공포

배럴당 20달러 수준까지 급락한 국제유가도 소비자물가 상승을 끌어내렸다. 통계청에 따르면 2020년 4월 석유류 물가는 전년 동월 대비 6.7% 하락해 물가상승률을 0.28%포인트나 낮췄다. 석유류 가격을 포함한 총소비자물가지수도 2020년 4월 기준 0.1%였던 것을 감안하면, 유가 추이에 따라 언제든지 변동될 위험이 크다.

실제 원유 가격은 바닥을 모르고 추락했다. 2020년 4월 21일(현지시간) 기준 뉴욕상업거래소NYMEX에서 거래되는 2020년 인도분 서부텍사스산원유WTI는 모두 하락세를 보였다. WTI에 비해 상대적으로 급락세가 크지 않았던 북해산 브렌트유도 18년 만에 배럴당 20달러 선이 붕괴됐고, 21년 만의 최저 수준인 배럴당 15.98달러에 거래됐다. 2020년 4월 20일 사상 초유의 '마이너스 유가'에 이어 6월 인도분 WTI 가격이 반 토막 났다. 유진 와인버그 코메르츠방크 상품리서치헤드는 〈월스트리트저널〉에 "투자자들이 모두 충격에 빠졌다. 지난 100년간 유지됐던 원유 시장의 질서가 한순간에 붕괴됐다"고 말하기도 했다.

〈뉴욕타임스〉는 "유가가 이례적으로 마이너스를 기록했다는 것은 그만큼 디플레이션 압력이 높다는 의미다. 원유 수요 감소, 공급 과잉에 따른 가격 하락 현상이 세계 경제에 큰 충격을 가했다"고 분석했다.

2020년 4월 21일, 2020년 인도분 WTI는 배럴당 10∼20달러 선에 머물렀다. 7월물 18.69달러, 8월물 21.61달러, 9월물 23.43달러, 10월물 24.73달러, 11월물 25.86달러, 12월물 26.86달러 등이었다. 결제 월이 늦어질수록 가격이 높은 것은 점진적으로 원유 수요가 회복될 것이라는 기대감이 반영된 것이지만, 그 수준이 20달러 선에 그쳤다는 점에 주목할 필요가 있다. 코로나 사태로 글로벌 수요가 위축될 것이라는 예상이 영향을 미쳤다는 해석이 가능하기 때문이다. 캔디스 뱅선드 피에라캐피털 포트폴리오매니저는 〈블룸버그〉에 "국제유가 붕괴가 불안한 투자자들을 공포로 몰아넣는 촉매제가 됐다. 빠른 회복세를 보이던 증시에 제동이 걸렸다"고 말한 바 있다.

전 세계가 주저앉다

디플레이션 압력은 미국 소비자물가 지표에서도 확인되고 있다.

2020년 3월 미국 소비자물가지수는 전월 대비 0.4% 하락했다. 이는 2015년 1월 이후 최대폭으로 떨어진 것이다. 근원소비자물가도 0.1% 떨어졌다. 근원소비자물가가 마이너스로 돌아선 것은 2010년 1월 이후 처음이다. 근원물가는 변동성이 높은 에너지·식품을 제외한 것으로, 미국 연준이 가장 주목하는 물가 지표로 꼽힌다.

미국도 한국과 마찬가지로 코로나 사태에 따른 셧다운 충격으로 외식, 숙박, 대중교통, 문화, 스포츠 등과 관련된 소비가 급감한 것으로 나타났다. 미국이 다시 경제활동을 재개한다고 하더라도 소비가 이전 수준으로 회복되기까지는 상당한 기간이 걸릴 것이라는 전망이 지배적이다. 리처드 피셔 전 댈러스 연방준비은행 총재는 CNBC와 인터뷰하면서 "유가가 폭락해 미국 경제 회복이 둔화할 것이다. 긴 U자형 회복세를 보일 것"이라고 설명했다.

현대경제연구원은 코로나 사태로 세계 경기가 침체 단계에 진입했다고 판단했다. 현대경제연구원은 2020년 5월 내놓은 〈최근 글로벌 경기동향 및 주요 경제 이슈〉 보고서에서 미국·유럽·중국·일본·인도·베트남 등의 최근 경제 상황을 분석하고 이처럼 평가했다. 소비가 국내총생산GDP의 3분의 2를 차지하는 미국은 코로나에 따른 쇼크 수준의 소비위축으로 경기침체 우려가 크다는 분석이다. 코로나 영향이 일부 반영된 지표인 3월 IHS 마킷 제조업 및 서비스업 구매관리자지수PMI 지수는 각각 48.5, 39.1로 한 달 전보다 2.2포인트, 10.3포인트 각각 하락했다. 최근 실업보험 신청자 수가 급증하는 등 고용시장 불안 우려도 커졌다.

유로존도 코로나가 지속할 경우 경기침체 국면에 빠질 수 있다는 게 현대경제연구원의 분석이다. 또한 중국은 소비 부진에 더해 디플레이션 우려도 확산되는 상황이다. 2020년 2월 중국 도시 부문의 소매판매는 전년 동기 대비 20.7% 급감했고, 전체 소매판매도 17.6% 줄었다. 국제유가 하락으로 중국 생산자물가에도 영향을 받으면서 소비자물가 상승률이 마이너스에 빠질 수 있다는 우려가 커졌다. 그러면서 현대경제연구원은 "코로나가 전 세계적으로 확산해 글로벌 공급 충격과 소비절벽이 동시에 발생하는 경제위기가 나타났다. 사태가 장기화할 경우 신흥국 자본유출 등 피해가 불가피할 것"이라고 예상했다.

들썩이는 환율,
어디에 어떻게 투자할까

　미국과 유럽에서 코로나 확진자 수가 급격히 늘어가기 시작한 2020년 3월 중순, 달러당 원화값이 1,300원 부근까지 급락(환율 급등)했다. 원화값이 바닥으로 치닫고 달러값이 천정을 향해 치솟았다는 의미다. 모든 자산이 이상 증세를 보이며 폭락하는데 달러만 나홀로 강세였다.

　상황을 다시 되짚어보면 이렇다. 서울 외환시장에서 달러당 원화값 종가는 3월 19일에 2020년 들어 최저치인 1,285.7원을 기록했다. 이날 달러 인덱스(주요 6개국 통화 대비 미국 달러화의 가치를 나타내는 지표)는 103.605까지 치솟았다. 연초의 96.25보다 7.6% 급등한 수치다. 달러인덱스가 103선까지 오른 건 2016년 말 이후 3년여 만에 처음 있는 일이었다.

　반면 달러를 제외한 투자 자산은 위험자산, 안전자산 구분할 것

달러인덱스 추이(2020년 3월 19일 103.605)

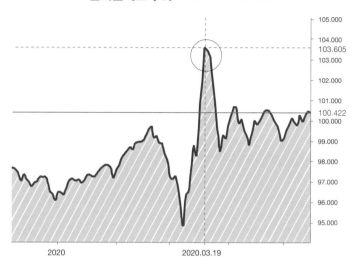

없이 일제히 폭락했다. 우리나라뿐 아니라 글로벌 금융 시장이 코로나 확산 우려로 패닉에 빠졌던 것이다. 미국 증시의 다우지수는 6% 급락해 2만 선이 붕괴됐고, 뉴욕 증시에서는 거래가 일시 중지되는 서킷브레이커가 발동됐다. 이 같은 시장 불안 상황에선 몸값을 올리기 마련인 안전자산 금도 오히려 급락했다. 국제 금값은 2020년 중순을 넘기며 다시 폭등하긴 했지만, 당시만 해도 온스당 1,470.9달러 수준까지 주저 앉아 2020년 들어 최저치를 새로 썼다. 불과 열흘 전인 3월 9일 기준 온스당 1,679.8달러였던 점을 비교하면 그야말로 수직낙하였다.

이 같은 극단적인 현상은 다행히 오래 지속되지 않고 하루 이틀

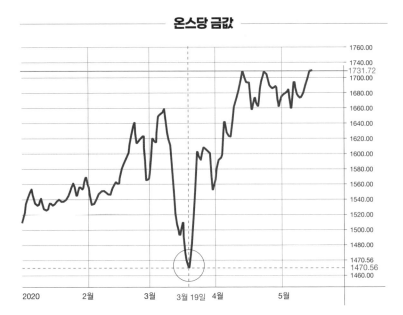

온스당 금값

1760.00
1740.00
1731.72
1700.00
1680.00
1660.00
1640.00
1620.00
1600.00
1580.00
1560.00
1540.00
1520.00
1500.00
1480.00
1470.56
1470.56
1460.00

2020   2월   3월   3월 19일 4월   5월

만의 해프닝으로 마무리됐다. 하지만 달러는 전반적으로 강세를 보였다. 전문가들은 시장 불안감이 '현금 확보 전쟁'으로 불거져 나온다고 분석한다. 전염병으로 인한 경제위기 우려가 커지자 확실히 손에 쥘 수 있는 현금을, 그 중에서도 힘 센 나라의 안전한 통화인 미국 달러를 찾는 현상이 나타났다는 것이다. 정성희 신한PWM프리빌리지 강남센터 팀장은 "시장 변동성이 커지면서 달러를 보유하는 사람들이 증가하고 있다. 시장 불안 시기에는 원화 자산에만 투자하기보다는 전체 금융 자산의 20% 수준을 달러로 보유하는 것을 추천한다"고 말했다.

그러나 이미 오를 대로 올랐을지도 모를 달러에 무작정 투자하는 것도 어딘가 불안하다고 호소하는 '초보 환테크' 족이 적지 않다. 환율은 변동성이 크고 대외적 요인에도 크게 휘둘리기 때문에 덜컥 큰돈을 투자했다가는 달러당 원화값이 급등(환율이 급락)할 경우 환손실만 떠안게 될지도 모를 일이기 때문이다. 달러 투자는 경기 흐름을 파악하는 것이 우선이다.

시장 불안감이 달러 강세 이끌어

코로나로 인해 글로벌 경기가 전반적으로 부진할 것으로 예상되는 2020년, 미국 달러가 다른 투자 자산에 비해 강세를 이어가는 데는 복합적인 요인들이 작용하고 있다.

먼저 미국의 적극적인 경기 부양책으로 인한 회복 기대감이 내재돼 있단 해석이 나온다. 최근 대외경제정책연구원KIEP이 발표한 〈코로나19 대응 주요국의 재정 및 통화금융 정책〉 보고서에 따르면, 2019년 GDP 대비 코로나 대응 재정지출 규모가 가장 큰 나라는 10.4%의 비중을 기록한 미국이었다. 싱가포르(7.9%)와 일본(7.1%)이 뒤를 이었다. 미국은 특히 저소득층 현금 지급, 실업 보험과 자영업자 지원 등 생계와 고용을 위한 지원책에 총 지출 중 24.7%에 달하는 5,515억 달러를 배정한 것으로 조사됐다.

또 다른 변수인 국제 유가 폭락도 달러 강세를 이끌었다. 코로나

주요국의 코로나 대응 재정정책의 GDP 대비 규모

구분	미국	싱가포르	일본	프랑스	독일
재정 정책 총액	2조 2,434억 달러	399억 싱가포르달러	39조 5,000억 엔	450억 유로	615억 유로
2019년 GDP	21조 4,227억 달러	5,076억 싱가포르달러	554조 엔	2조 4,190억 유로	3조 4,358억 유로
2019년 GDP 대비 비중	10.40%	7.90%	7.10%	1.90%	1.80%

출처: 대외경제정책연구원

로 인해 전 세계적으로 수요가 줄어든 상황이라 기름값이 떨어질 수밖에 없는데, 여기다 러시아와 사우디아라비아 등 산유국들이 감산합의에 실패하면서 2020년 4월엔 사상 초유의 마이너스 유가 사태까지 벌어졌다. 기름을 사가는 데 오히려 웃돈까지 얹어주는 꼴이었다. 가까스로 비회원 산유국 연합체(OPEC+)의 감산이 5월 1일부터 시작됐지만 골드만삭스는 이 감산 합의에 대해 "불충분하다"는 평가를 내리는 등 시장에선 여전히 유가 불안 재료가 남아 있다고 본다.

이밖에 달러 강세뿐 아니라 국내 주식 시장에서 비롯된 원화 약세도 환율 상승을 부추겼다. 대표적인 게 국내 증시에서 나타난 외국인 투자자의 매도세였다. 코로나 사태로 전 세계 교역량이 줄어들면서 수출 산업 위주인 한국 기업의 성장성 전망이 악화된 영향이다. 거기다 외국인 투자자가 해당 종목을 매도한 후 자산을 본국이나 다른 해외 투자처로 빼가는 과정에서 원화 자산을 달러로 환전하게 되는데, 이에 따라 달러 수요가 커지며 원화 대비 달러 가치가 오르게 되는 흐름이었다.

달러당 원화값, 코로나 치료제 & 미중 갈등에 좌지우지

환율의 향방에 대해서는 전망이 엇갈린다. 일각에선 코로나 확산이 진정돼 주요국의 경제활동이 재개되면 시장의 투자심리도 점차 회복돼 원화 가치 상승(환율 하락)을 이끌 것으로 본다. 한국은행에 따르면 코로나19로 인해 외환시장 변동성이 컸던 3월에는 평균 변동폭이 13.8원(변동률 1.12%)에 달했지만, 4월의 변동폭은 5.6원(0.46%)에 그쳤다.

그러나 달러당 원화값이 연초 수준인 1,160원대로 회복하기엔 암초가 많다는 주장도 있다. 우리나라 질병관리본부를 비롯해 전세계 전문가들이 코로나 2차 대유행을 전망하고 있는 만큼 치료제가 개발되기 전까지는 코로나 공포 심리가 계속 남아 있을 수밖에 없어서다.

전승지 삼성선물 연구원은 "재확산 우려와 진정세가 계속 반복돼 우리나라도 코로나 확산 관련 이슈에서 벗어나기 어려울 것이다. 원화와 국내 증시, 신흥 통화가 안정적인 강세로 가기엔 어려울 것으로 본다"고 전망했다. 문홍철 DB금융투자 연구원은 "코로나 사태에 대한 미국의 압도적인 대응책 규모를 보면 코로나 이후 미국의 회복이 가장 빠를 것이란 전망이 많다. 미국 달러화 가치가 상대적으로 높을 것"이라고 내다봤다.

코로나 확산 원인을 둘러싼 미국의 대중국 강경 모드도 시장 불안감을 키우는 요소다. 코로나 진압이 다 끝나지도 않은 시점에서 미국과 중국이 책임론을 들먹이며 으르렁 대는 모습도 연출되었다. 도널드 트럼프 대통령 입장에선 2020년 11월 대통령 선거를 앞두고 있기 때문에 보수 세력 표를 결집하기 위해서라도 갈등을 조장한다는 해석이 나온다. 강대국 간 갈등은 글로벌 시장 전체에 불안감을 조장해 안전자산 선호 현상을 부추기는 재료다.

달러 투자 '안정성'은 예금·채권 '위험 선호'는 ELS·미국주식

달러값이 더 오를지, 어느 순간 떨어질지는 그 시점이 올 때까진 그 누구도 맞힐 수 없다. 따라서 달러값이 오를 때를 노려 환차익을 보겠다는 의도보다는 장기적으로 자산 분산 차원에서 접근하는 것이 바람직하다는 데에 전문가들이 일치된 의견을 보인다.

임은순 KB국민은행 WM스타자문단 압구정PB센터 PB는 "우리나라 국민 대다수가 자산 대부분을 국내 원화 자산으로 보유하고 있다. 과거 금융위기 때 원화 자산 폭락을 경험했던 만큼 달러 자산으로 자산 가치 하락을 방어해야 한다"고 설명했다. 예를 들어 1997

년 외환위기 당시 원화값이 폭락하면서 환율이 900원 선에서 두 달 만에 2,000원으로 튀었는데, 이때 달러 자산을 보유하고 있었다면 두 배 넘는 수익을 볼 수 있었던 셈이다.

해외여행이나 자녀 유학으로 달러 수요가 꾸준히 있는 경우에도 달러 투자가 유용할 수 있다. 달러당 원화값이 떨어져 있는 상태(환율이 올라 있는 상태)에서 한꺼번에 대규모로 달러 환전을 해야 한다면 비싼 값을 지불해야 하지만, 미리 달러를 보유하고 있었다면 이런 부담에서 자유로울 수 있기 때문이다. 임 PB는 "달러 자산은 리스크가 커질 때 보유 가치가 더 높아지는 안전 자산이기 때문에 자산 포트폴리오에 꼭 편입시키기를 추천한다. 달러로 투자할 수 있는 다양한 상품을 잘 살펴보고 상황에 맞는 효율적 운용법을 찾는 것이 좋다"고 말했다.

가장 손쉽게 접근할 수 있는 달러 보유 방법은 은행의 달러예금(외화예금)이다. 달러가 쌀 때 사뒀다가 가치가 오르면 원화로 환전해 환차익을 거둘 수 있다. 예금에 넣어두면 환차익뿐 아니라 적립 기간에 따라 기본 예금 금리도 적용되기 때문에 비교적 안정적으로 수익을 볼 수 있다는 장점이 있다. 신한·KB국민·하나·우리·NH 농협 등 5대 은행의 달러예금 잔액은 2020년 달러 강세 국면에서 급격히 늘었다. 모든 시중은행이 자체적인 달러 예금 상품을 판매 중인데, 그 중에서도 특별금리를 얹어주는 이벤트를 잘 노리면 금리 혜택을 충분히 누릴 수 있다.

위험 자산보다 안정적이면서도 짧은 기간 투자를 원한다면 달러

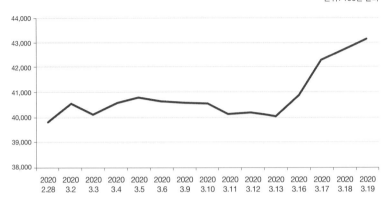

달러예금 잔액 추이

단위: 100만 달러

출처: 신한·KB국민·하나·우리·NH농협 등 5대 은행

표시 채권에 투자할 수도 있다. 예를 들어 과거 발행됐던 국내 우량 은행의 달러 표시 자본증권 중에는 2년간 연 4%대 수익률로 6개월마다 달러로 이자를 지급하는 상품도 있었다. 좀 더 높은 수익률을 원한다면 외화 주가연계증권ELS이나 해외 주식형 펀드 등의 상품을 살펴보자. 다만 이들 상품은 예금이나 채권보다 원금 손실 리스크가 크기 때문에 투자자 스스로 충분히 고려한 후 투자에 임해야 한다.

달러 ELS는 연 6.0%에 달하는 수익률을 맛볼 수도 있는 파생 상품으로, 특히 변동성 큰 시기에 줄줄이 완판되곤 하는 환테크 상품이다. ELS는 주요국 주가 지수를 기초자산으로 삼아 정해진 평가일에 가치 변동폭이 특정 조건을 만족시킬 경우 이자를 지급해준다는 게 기본 개념이다. 예를 들어 미국 S&P지수가 가입 시점 대비 80%

아래로 하락하지 않으면 이자를 지급받는 식이다. 달러 ELS는 이 상품을 원화가 아닌 달러로 발행해 환차익까지 볼 수 있게 했다.

어느 정도 리스크를 감수하고 수익성 높은 글로벌 기업에 직접 투자하고 싶다면 미국 주식을 공부해보자. 곽병열 하나은행 투자전략부 차장은 "코로나19로 재택근무·화상강의 등 '언택트' 트렌드와 치료제를 개발하는 제약사들이 주목받고 있다. 미국은 관련 기업을 다수 보유하고 있다"고 짚었다. 이어 "포스트 코로나 시대에 변화 적응력이 높은 미국 혁신기업에 투자한다면 자산 성장성과 안정성을 도모할 수 있을 것"이라고 설명했다. 구체적으론 글로벌 4차 산업혁명을 이끌고 있는 아마존, 마이크로소프트, 구글, 넷플릭스 같은 회사들과 코로나 치료제 렘데시비르로 유명한 제약회사 길리어드사이언스를 예로 들었다.

이들 기업의 주식을 사들이는 것보다 좀 더 안정성을 도모하고 싶다면 혁신기업 비중이 높은 해외주식형 펀드에 가입하는 방법이 있다. 곽 차장은 "해외주식형 펀드에 조금씩 자금을 넣는 적립식으로 접근한다면 시장 변동성을 제어하는 좋은 방법이 될 것"이라고 설명했다. 구체적으로는 한국투자웰링턴글로벌퀄리티, NH아문티글로벌혁신기업 등의 펀드를 제안했다.

장기 투자를 원한다면 달러 보험도 고려할 만하다. 예를 들어 AIA생명의 '무배당 골든타임 연금보험', 푸르덴셜생명의 '무배당 간편한 달러평생보장보험', 메트라이프생명의 '유니버셜달러종신보험', 오렌지라이프생명의 'VIP 달러저축보험' 등이다. 달러로 보험금을 수령할 수 있어 보험료 납입 시점보다 달러 가치가 올랐다면 환차익을 받을 수 있다. 10년 이상 투자하면 비과세 혜택도 있다. 다만 상품별로 중도 해지 수수료가 있고, 달러 가치가 하락할 경우엔 오히려 손실을 볼 수 있다는 점에는 주의가 필요하다.

가계부채 폭발
코앞까지 왔나

　가계부채의 위험성에 대한 논란은 어제 오늘 일이 아니다. 엄청
난 규모의 가계부채가 경제 충격으로 인해 부실로 이어졌을 때 금
융시장은 물론 실물경제에 미칠 충격은 가늠하기조차 어렵다. 부채
가 적을 때는 부실이 발생해도 감당이 가능하지만, 부채가 크면 그
만큼 경제 전체가 직면할 어려움도 커진다.

　일각에서는 부채가 있으면 다른 편에서는 자산으로 잡히는 만큼,
과도하게 우려할 필요는 없다고 주장한다. 이 말 역시 틀린 것은 아
니다. 하지만 자산의 가격 자체가 흔들리면 부채는 더 위험해진다.
더군다나 가계는 기업이나 정부에 비해 자산가격 하락의 충격에 더
취약한 법이다.

　코로나 위기는 여느 경제위기에 비해 가계부채에 더 큰 위협으로
다가올 수 있다. 세계 각국 중앙은행의 유동성 공급으로 자산 가격

은 터지기 직전의 풍선처럼 부풀어 오른 상황이다. 게다가 코로나 경제위기가 금융시장이 아닌 실물 부문에 기인하는 만큼 가계가 더욱 취약한 측면이 있다. 실물시장의 위축은 고용과 가계소득에 먼저 영향을 미치기 때문이다.

가계부채 폭증의 역사, 그리고 이유

정부는 가계부채의 절대 수준을 낮출 수는 없다는 정책적 판단을 하고 있다. 다만 증가속도를 조절하겠다는 부분에 정책의 주안점을 두고 있다. 하지만 일단 늘어난 가계부채는 여전히 위기의 뇌관을 품고 있다.

한국은행에 따르면 2019년 말 기준 가계신용은 1,600조 원을 넘어섰다. 정확히는 1,600조 1,322억 원이다. 한국의 명목 GDP가 2019년 기준 1,914조 원임을 감안하면 가계부채의 규모가 어느 정도 수준인지 가늠할 수 있다. 한국 가계부채 규모는 나라 전체의 1년간 생산치를 뜻하는 GDP의 83.6%에 달한다. 정부·기업 부문을 제외한 가계 부문만의 부채가 GDP의 80% 이상을 차지하고 있는 셈이다.

명목 GDP 대비 가계신용 비율은 지속적으로 증가해왔다. 2002년 가계신용은 464조 7,120억 원, 명목 GDP는 784조 7,413억 원으로 당시 명목 GDP 대비 가계신용 비율은 59.2%였다.

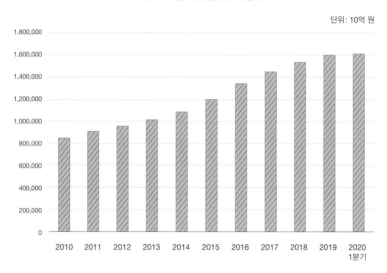

지속적으로 증가하는 가계부채

단위: 10억 원

출처: 한국은행

2003~2004년에는 이 비율이 소폭 낮아졌다. 신용카드대란 등의 영향으로 신용시장에 경색이 오면서 가계부채의 증가속도가 둔화된 반면, 세계적인 경기 호황이 도래하면서 명목 GDP는 상승세를 유지했던 탓이다. 2003년 56.4%, 2004년 54.4%로 하락했던 명목 GDP 대비 가계신용 비율은 이후 다시 반등을 시작했다. 2005년 56.7%, 2006년 60.4%, 2007년 61.1%로 꾸준한 상승세를 보였다.

특히 2005년 부동산 시장의 활황이 시작되면서 가계부채의 증가속도는 한층 더 빨라졌다. 가계신용(연말기준)은 2005년 542조 8,714억 원, 2006년 607조 1,332억 원, 2007년 665조 3,942억 원으로 증가했다. 전년대비 증가율은 2005년 9.8%, 2006년 11.8%,

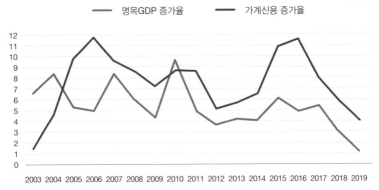

명목 GDP보다 빠르게 늘어나는 가계부채

단위: %

— 명목GDP 증가율   — 가계신용 증가율

출처: 한국은행

2007년 9.6%에 달했다. 국내 가계부채가 부동산 시장과 밀접하게 연관돼 있다는 공식이 적용된 시점이다.

2008년 글로벌 금융위기가 도래하면서 한국은행은 기준금리를 확 낮췄다. 한국은행 기준금리는 2008년 8월 5.25%에서 그해 12월 3%까지 내려갔다. 4개월 사이에 2.25%포인트가 낮아지는 큰 폭의 금리인하였다. 한은은 2009년 1월과 2월 0.5%포인트씩을 더 낮췄다. 이후 2010년 7월까지 한국은행 기준금리는 2%를 유지했다.

기준금리가 낮아졌다는 것은 그만큼 가계도 돈을 빌리기가 쉬워졌다는 의미다. 2008년 723조 5,215억 원이었던 가계신용은 2009년 775조 9,853억 원, 2010년 843조 1,896억 원으로 연평균 60조 원이 증가했다. 명목 GDP 대비 가계신용 비율은 2008년 62.7%, 2009년 64.4%, 2010년 63.8%로 60%대를 넘어섰다.

2011년과 2012년 가계부채는 각각 916조 1,622억 원, 963조 7,944억 원으로 900조 원대를 넘어섰고, 2013년에는 1,019조 405억 원으로 1,000조 원을 돌파했다. 부동산 시장 불황이 장기화되면서 증가율은 다소 둔화됐지만, 부채의 질은 오히려 나빠졌다. 주택담보대출과 마이너스통장 등 기타대출의 증가율을 비교해보면 이같은 부분을 파악할 수 있다.

2009년 주택담보대출은 9.2%, 기타대출은 5.3% 늘어나면서 주택담보대출이 가계부채의 증가세를 견인했다. 하지만 2010년과 2011년 주택담보대출 연간 증가율이 6.5%, 7.8%였던 반면 기타대출의 증가율은 10.1%, 9.3%였다. 가계부채의 증가를 마이너스 통장 등 신용대출이 주도한 셈이다. 이 같은 기타대출은 담보가 따로 없다는 면에서 주택담보대출에 비해 부실이 발생했을 때 안전판이 크지 않다. 이 시기에는 주택가격 하락 등으로 주택담보대출을 추가로 받을 수 있는 여력이 감소한 때였다. 부채와 전세 보증금을 합한 금액이 주택가격보다도 큰 '깡통 주택'이 속출하면서 신용대출의 수요가 컸던 때이기도 했다.

이 시기에도 명목 GDP 대비 가계신용 비율은 상승세를 이어갔다. 가계부채의 증가속도가 GDP 증가속도보다 빨랐던 탓이다. 이 비율은 2011년 66%, 2012년 66.9%, 2013년 67.9%로 계속해서 올라갔다.

2014년 이후 가계부채는 기하급수적으로 늘어나기 시작했다. 한번 1,000조 원을 넘어서자 가계부채는 고삐가 풀린 듯 치솟기 시작했다. 2014년 1,085조 2,592억 원이던 가계신용은 2015년 1,203조 992억 원, 2016년 1,342조 5,268억 원, 2017년 1,450조 6,274억 원으로 한 해 100조 원이 넘게 늘어났다. 가계부채 증가율은 2014년 6.5%, 2015년 10.9%, 2016년 11.6%, 2017년 8.1%에 달했다.

반면 명목 GDP 상승률은 4~6%선에 그치면서 명목 GDP 대비 가계신용 비율 또한 큰 폭으로 확대되었다. 2014년 69.4%, 2015년 72.6%, 2016년 77.1%, 2017년 79%에 달했다. 이 비율이 2002년 59.2%였던 점을 감안하면 15년 만에 20%포인트 가량 급증한 셈이다.

2014년 이후 가계부채의 급격한 증가에는 정부의 주택시장 규제 완화와 한국은행의 기준금리 인하, 부동산을 포함한 자산시장의 팽창 등 다양한 요인이 복합적으로 작용했다. 정부는 2014년 주택담보인정비율LTV과 총부채상환비율DTI 규제를 완화했다. LTV 70%, DTI 60%로 기준을 변경하면서 가계가 주택을 구입할 때 돈을 더 빌리기 쉽게 만든 것이다. 당시 부동산 시장은 극심한 침체기에 있었다.

여기에 한국은행은 기준금리를 큰 폭으로 낮췄다. 한국은행은 2014년 8월 연 2.5%였던 기준금리를 2.25%로 낮췄고, 그 해 10월에는 2%까지 다시 낮췄다. 이후 기준금리는 2015년 3월 1.75%, 6월 1.5%, 2016년 6월 1.25%로 계속해서 내려갔다. 부동산대출 규제가 완화된 마당에 금리까지 낮아지니 가계부채가 기하급수적으로 늘어난 것이다.

각국 중앙은행이 유동성을 사실상 제한 없이 공급하면서 자산시장이 비대해지는 현상이 세계 곳곳에서 나타났는데, 한국 또한 마찬가지 상황이 됐다.

2021년, 부채 뇌관 터질까

2017년 문재인 정부가 출범한 이후에도 가계부채는 계속해서 늘어만 갔다. 연말 기준으로 가계신용은 2018년 1,536조 7,123억 원, 2019년 1,600조 1,322억 원으로 각각 전년대비 86조 원, 63조 원이 늘었다. 명목 GDP 대비 가계신용 비율은 2018년과 2019년 각각 81.2%, 83.6%를 기록했다.

2017년 이후 정부가 주택시장에 대한 규제를 강화하면서 주택담보대출 증가세는 다소 안정세를 보였다. 하지만 신용대출 증가세는 여전했다. 2018년과 2019년 주택담보대출은 각각 3.1%, 1.1%가 증가했지만, 신용대출 등 기타대출은 각각 5.9%, 4.1%가 늘었다. 이들 신용대출의 적지 않은 수요가 주택시장으로 흘러들어갔을 것이라는 분석도 있다. '부동산 불패' 기조가 이어지면서 주택가격이 지속적으로 상승세를 이어왔던 탓이다.

코로나 경제 충격이 가계에 본격적으로 반영되기 시작하면, 이처럼 불어난 가계부채를 한국 경제가 감당하기 어려울 수도 있다. 한국은행에 따르면 2020년 3월 은행권 가계대출 잔액은 910조 9,000

억 원이다. 이는 전달에 비해 9조 6,180억 원이 늘어난 것으로 관련 통계가 집계되기 시작한 2004년 이후 최대 폭의 증가다. 종전 최대 폭은 바로 한 달 전인 2월로 9조 2,845억 원이 늘었다. 코로나 충격에 가계의 빚부담이 늘어가고 있다는 의미다.

이 가운데 주택담보대출은 6조 3,000억 원이 증가했다. 주택매매 수요도 있겠지만 생계형 자금도 일부 섞여 있을 것이라는 분석이다. 신용대출 등 기타대출도 한달 새 3조 3,000억 원이 늘었다. 코로나 여파에 자영업자·소상공인들이 대출을 크게 늘린 데 따른 것으로 해석된다.

약 600만 명으로 추정되는 자영업자들은 대부분 영세 사업장을 가계 단위로 운영하고 있다. 특히 은퇴 후 고용시장이 활성화되지 않은 한국 경제에서 고령층 고용의 한 축을 담당하고 있다. 영세한데다 고령층이라는 점에서 한국 경제의 가장 취약한 고리로 평가되고 있다.

빚의 악순환에 빠진 자영업에 '신용위기 경고음'은 꾸준히 울려왔다. 자영업 업황 부진이 이어지는 가운데 부채 규모는 눈덩이처럼 불어나고 부실 또한 확대되고 있어 자영업자들의 신용위기가 임박했다는 우려가 커진 것이다. 나이스평가정보에 따르면 개인사업자대출을 받은 자영업자 가운데 3곳 이상의 금융회사에서 돈을 빌린 다중채무자의 부채는 2019년 2분기 407조 9,000억 원으로 집계됐다. 이들 다중채무 자영업자의 부채는 1년 전에 비해 40조 7,000억 원(11.1%)이 늘었다. 자영업자 총대출금액이 704조 8,000억 원

임을 감안하면 전체 대출의 57.9%가 다중채무자의 대출이라는 뜻
이다. 총대출은 개인사업자대출이 있는 자영업자들이 이와 별도로
받은 가계대출까지 합한 금액을 말한다.

자영업자 가운데 다중채무자의 수는 2019년 2분기 기준 102만
7,000명으로 2018년에 비해 7만 3,000명(7.7%) 늘었다. 개인사업
자대출을 보유한 전체 자영업자 수는 202만 5,000명이다. 다중채
무자의 비중이 50.7%로 전체의 절반이 넘는 셈이다.

코로나 사태 이전부터 경영난에 직면했던 자영업자들은 이미 취
약해질 대로 취약해진 상태다. 한국은행의 '2019년 4분기 산업별
대출금' 자료에 따르면 2019년 말 기준 자영업자가 많은 도·소매,
음식·숙박업종의 대출금 잔액은 227조 원에 달했다. 이는 2018년
말보다 27조 원 증가한 것으로 증가율은 13.3%에 이른다. 증가액·
증가율 모두 산업별 통계 작성을 시작한 2008년 이후 가장 크다.
2019년 경기부진이 이어지면서 자영업자가 포진한 업종이 직격탄
을 맞았기 때문으로 풀이된다. 소비가 부진해 매출이 오르지 않으
니 대출액으로 버텼다는 것이다.

이들 자영업 대출은 개인사업자 대출 등 기업대출로 분류되지만,
사실상의 가계부채라는 점에서 위험성이 크다. 이들 자영업자·소
상공인이 겪고 있는 '코로나 충격'은 예상보다도 더 심각한 것으로
나타나고 있다. 12조 원 규모 코로나 피해 소상공인 대출 상품이 빠
른 속도로 소진되자 정부는 예비비 4조 4,000억 원을 추가했다. 이
후 10조 원 규모의 소상공인 대출 2차 프로그램을 가동해 자영업

자·소상공인 지원을 지속하기로 했다.

　이 같은 지원 프로그램이 아니더라도 은행 등 금융기관들이 자영업자들에게 대출금 상환 만기연장·이자납부 유예 등의 지원에 나섰음을 감안하면, 2021년께 자영업자·소상공인들의 위기가 본격적으로 터져나올 수 있다는 우려도 나온다.

한 번도 경험치 못한
더블 쇼크

"코로나발 위기는 우리 경제의 한 축인 자유무역 기반 수출과 자영업 등의 내수를 동시에 흔들어놓는 전대미문의 '더블 쇼크'다."

코로나 확산으로 우리나라가 위기감에 휘말리던 2020년 3월, 신제윤 전 금융위원장은 매일경제신문과 통화하면서 이렇게 말했다. 여지껏 경험하지 못한 형태의 위기인 만큼 과거 위기를 모두 뛰어넘는 '대충격'에 대비해야 한다는 게 신 전 위원장의 진단이었다.

신 전 위원장은 "우리나라는 금융위기와 내수 문제가 한 번에 온 적이 없다. 1997년 외환위기, 2008년 글로벌 금융위기처럼 외환시장 쪽에 위기가 오는 게 대부분이었다"고 설명했다. 그는 "미국에서도 코로나 영향이 대확산 국면까지 간다면 이번 위기는 지난 2008년보다 더 심각하게 올 수도 있다. 단순히 유동성의 문제가 아니라 시장 규모가 줄어드는 문제이기 때문"이라고 우려했다.

수출, 내수, 취업, 소득… 답이 안 보인다

실제로 코로나로 인한 금융·경제위기는 그동안 우리가 겪었던 위기와는 다른 양상으로 흘렀다. 우선 수출쇼크가 눈덩이처럼 번졌다. 관세청의 2020년 5월 1일부터 10일까지 수출액 발표를 보면 분위기를 짐작할 수 있다. 매월 1일에서 10일 사이 수출입 현황은 단기 통계이기에 수출입이 어느 방향으로 흘러가는지 짐작하는 의미가 크다. 5월 1일부터 10일까지 수출액은 69억 달러로, 전년 같은 기간보다 46.3% 폭락했다. 조업일수가 6.5일에서 5일로 감소한 것을 감안하더라도 일평균 수출액이 30.2% 떨어졌다. 69억 달러의 수출액은 매월 1~10일 수출입동향을 집계한 2016년 4월 이후 가장 작은 규모다. 또한 46.3%의 하락폭 역시 1~10일과 월간 통계를 모두 고려해도 가장 큰 낙폭이었다.

수출 폭락은 한국의 주력산업 전반에서 나타났다. 반도체 -18%, 무선통신기기 -36%, 석유제품 -76%, 자동차 -80% 등이다. 지역별로 보면 중국 -29%, 미국 -55%, 유럽연합 -51%, 베트남 -52%, 일본 -48%, 중동 -27% 등이었다.

2020년 4월 무역수지도 99개월 만에 적자로 돌아섰다. 산업통상자원부는 4월 무역수지가 9억 5,000만 달러 적자를 기록했다고 밝혔다. 수출이 369억 2,000만 달러에 그쳐 전년 동월 대비 24.3%로 크게 감소했다. 수출액 감소폭은 2009년 5월 수출이 전년 동월 대비 -29.4%를 기록한 이후 10년 11개월 만에 가장 컸다.

동시에 소비도 위축됐다. 코로나 여파로 2020년 4월 소비 절벽이 본격화하면서 근원물가 상승률이 외환위기 영향이 있었던 지난 1999년 이후 21년 만에 최저치를 기록했다. 근원물가 상승률이 둔화된 것은 코로나로 인한 소비 절벽이 본격화됐다는 것을 의미한다. 꼭 소비해야 하는 농산물 등 식료품과 석유류 등을 제외한 다른 품목에서 소비가 거의 일어나지 않았다는 것이다. 식료품과 석유류 등을 포함한 소비자 물가도 전년 동월보다 0.1% 오르는 데 그쳤다. 소비자물가 상승률은 2019년 12개월 연속 0%대를 기록하다 2020년 1~3월 1%대를 회복했지만 4개월 만에 다시 주저앉았다.

신성환 홍익대 교수는 "상황이 상당 기간 지속되면 100년 전 대공황처럼 경제가 붕괴될 수 있다. 세계 경제는 2~3년 연속 마이너스 성장을 기록할 가능성이 있다"고 경고했다. 그는 특히 "코로나 사태 이후 경제 위축의 본질은 '인컴 쇼크'다. 기업 이익이 줄고 개인의 소득이 줄어드는 충격을 견뎌낼 수 있도록 지원해야 한다"고 강조했다.

실제로 2020년 4월 전체 취업자 수는 전년도 같은 기간에 비해 47만 6,000명 감소했다. 외환위기 직후인 1999년 2월 이후 최대 감소폭이다. 일시휴직자도 113만 명이 늘어 2개월 연속 100만 명을 넘어섰다. 업종별로는 전년 대비 서비스업 취업자가 44만 4,000명, 숙박·음식업이 21만 2,000명 각각 감소했다. 코로나 직격탄을 맞은 숙박·음식업을 중심으로 취업자 감소폭이 컸던 것이다.

특히 가장 일할 능력은 있지만 취업·창업 등 구직을 포기했거나 일할 능력이 아예 없는 비경제활동인구가 급증했다는 점이 우려스럽다. 2020년 4월 우리나라 경제활동인구(취업자+실업자)는 2,773만 4,000명으로 전년 동월 대비 55만 명 줄었다.

아울러 코로나19로 취약계층의 고용위기가 현실화하면서 2020년 1분기 저소득층과 중산층 가구의 근로소득이 일제히 줄어든 것으로 나타났다. 통계청이 발표한 '2020년 1분기 가계동향조사'에 따르면 2020년 1분기 소득 상위 20%(5분위)는 하위 20%(1분위)보다 5.41배 많은 소득을 올리는 것으로 나타났다. 2019년 1분기(5.18배)보다 0.23배 늘어난 5.41배로 악화됐다. 문재인 정부 출범 후 2018년 급격히 악화했던 5분위 배율은 2019년 공공일자리사업을 통해 간신히 개선된 바 있다. 그러나 코로나19 사태로 1년 만에 다시 악화 추세로 돌아선 것이다. 저소득층인 1분위(소득 하위 20%) 가구의 월평균 소득은 149만 8,000원으로 전체 분위 가운데 전년 동기 대비 가장 낮은 증가율(0.0%)을 보이며 제자리걸음했다.

근로소득은 빈익빈 부익부 현상이 더 선명했다. 소득 하위 60%(1~3분위)에 속하는 가구의 근로소득은 1분위(-3.3%), 2분위(-2.5%), 3분위(-4.2%)에서 모두 감소했다. 고소득 전문직 종사자 비중이 높은 소득 상위 40%(4~5분위)에서 근로소득이 모두 증가한 것과 대조되는 결과다.

글로벌 충격도 심상찮다

글로벌 경제도 공급망과 수요가 동시에 타격을 받는 더블 쇼크로 적지 않은 충격을 받았다. 코로나가 본격적으로 확산하기 시작한 3월에는 미국 국채 벤치마크 격인 10년물 금리가 사상 처음 1% 밑으로 떨어진 바 있다. 〈블룸버그〉에 따르면 마크 잰디 무디스 이코노미스트는 "코로나19는 수요와 공급에 모두 충격을 주기 때문에 경제에 치명타를 입힐 수 있다"고 진단했다. 중국에서 코로나가 발생한 초기만 해도 시장 전문가들은 공급망 교란이 단기에 진화될 것으로 기대했고, 전 세계 경제 역시 V자 반등을 연출할 것이라고 전망했다. 그러나 바이러스가 전 세계로 확산되면서 공급망 붕괴가 예상보다 길어졌다.

수요 측면도 마찬가지다. 2020년 3월 〈월스트리트저널〉에 따르면 북미와 유럽, 아시아에 걸쳐 취소된 국제 행사가 당시 기준 440여 건이었다. 항공과 숙박, 외식, 소매 등 관련 업계가 커다란 매출 타격을 피하기 힘든 상황이었던 것이다. 데이비드 윌콕스 피터슨국제경제연구소 연구원은 "전통적인 경기 침체는 공급 문제보다 상대적으로 수요 부족에 관련이 있었다. 그러나 이번 사태는 수요와 공급 모두가 부정적 타격을 받아 매우 복잡하다"고 설명했다.

신제윤 전 위원장은 "미국 내 전파가 더욱 심각한 수준으로 확산된다면 기본적으로 글로벌 경제를 이끄는 G2국가가 모두 충격을 받는 셈이다. 9·11 테러와 2008년 금융위기 두 개를 합친 수준의 충격에 빠질 수 있다"고 경고했다.

이 같은 복합적인 이유들 때문에 시장에서는 한국 경제의 마이너스 성장을 점치고 있다. 국제통화기금IMF은 2020년 한국의 경제성장률을 마이너스로 전망했다. 코로나 확산에 따른 세계적 경제 침체가 반영된 결과다.

비록 한국은 다른 선진국들에 비해 양호한 수준이지만, IMF는 2020년 4월 세계경제전망WEO을 통해 2020년 한국이 -1.2%의 경제성장률을 기록할 것으로 예측했다. 코로나 사태를 반영해 2019년 10월 전망치 2.0%보다 3.2%포인트 내린 수치다. 한국 경제가 역성장한 것은 IMF 외환위기가 닥쳤던 1998년이 마지막이었다. 한편 전 세계 경제성장률은 같은 달 -3.0%로 전망됐다. 당시 IMF는 "이마저도 전염병이 조기 종식되고 각국의 정책 수단이 효과를 발휘할 것을 가정한 수치"라고 설명했다.

IMF는 또 "전쟁과 같은 상황이 닥친 탓에 충격이 얼마나 심각하고, 언제까지 지속될지도 알 수 없다. 소비 촉진을 위해 경제활동을 장려하는 정책도 활용할 수 없다. 코로나19에 따른 생산량 감소는 글로벌 금융위기를 훨씬 뛰어넘을 것"이라고 분석했다. 2020년 선진국 성장률은 -6.1%, 개발도상국은 -1%를 각각 기록할 것으로 전망됐다. 기타 고피나트 IMF 수석이코노미스트는 세계 경제 전망치를 토대로 코로나19로 인한 전 세계의 경제적 손실이 2021년까지 9조 달러(약 1경 966조 원)에 달할 것으로 예상하기도 했다.

국내 코로나발 위기는 금융시장에서 처음 모습을 드러냈다. 환율과 주가가 요동치면서 한때 신용경색이 심화한 바 있다. 다행히도 5월 중순 이후 금융시장은 안정세를 찾았다. 1400선까지 추락했던 코스피는 5월 들어 두 달 반 만에 2000선을 탈환했다. 코스피가 빠른 속도로 회복할 수 있었던 건 포스트 코로나 시대에 신성장산업으로 평가받는 정보기술π·소프트웨어sw 업종과 헬스케어 등 성장주 때문이다.

이 밖에도 사상 최대 규모로 주식을 사들이며 증시를 떠받친 일명 '동학개미운동'에 참여한 개인투자자들이 코스피의 빠른 회복에 한몫을 했다. 2020년 초부터 5월 중순까지 개인들은 연간 27조 원이 넘는 코스피 주식을 순매수했다. 개인투자자들이 그간 증시 방향을 결정해 온 외국인의 매도에서 증시를 지켜낸 것이다.

국내 국책은행들과 시중은행 등 금융권 역시 외화 채권 발행에 연이어 성공하면서 우리나라에 대한 글로벌 금융 시장의 신뢰가 일정 부분 회복되기도 했다.

문제는 실물 경제다. 코로나로 인해 직격탄을 맞은 업종들의 매출이 폭락하면서 기업들이 무너지기 시작했다. 우리나라는 다양한 지원 정책으로 한계 기업에 유동성을 수혈하고 있어 아직 워크아웃이나 법정관리까지 들어간 회사는 없지만 미국은 다르다.

미국 2위 렌터카업체 허츠Hertz는 2020년 5월 말 파산보호를 신청했다. 100년 기업인 허츠가 코로나19에 굴복한 것이다. 자동차 리스대금 상환 기한을 재연장받지 못했기 때문이다. 허츠는 코로나로 인해 막대한 타격을 받은 대표적 기업 중 하나다. 수입 중 상당 부분이 공항 인근 영업소에서 나오기 때문이다. 전염병에 대한 공포와 사회적 거리두기 등 움직임으로 여행객이 급격히 줄면서 렌터카 업체는 직격탄을 맞았다. 코로나 사태 후 운행 정지(운휴)에 들어간 허츠 렌터카는 약 70만 대에 달했다. 허츠는 법원에 제출한 파산신청 서류에 총자산을 258억 달러(약 32조 50억 원), 부채를 244억 달러로 표기했다.

우리나라도 그동안 누적됐던 피로가 수면 위로 오를 것이라는 진단이 끊이지 않는다. 2020년 5월 말 기준 산업은행과 수출입은행 수술대에 오른 기업은 두산중공업, 대한항공, 아시아나항공 정도다. 두산중공업은 이 시점 기준 이미 2조 4,000억 원, 대한항공과 아시아나항공은 각각 1조 2,000억 원, 1조 7,000억 원을 지원 받았다. 여기에 자동차 등 다른 분야에 정부와 국책은행의 정책 지원이 필요해진다면 상황은 더 심각해질 수 있다. 여기서 언급한 3개 기업에 1차적으로 들어간 돈만 5조 원이 넘는다. 자동차나 해운사 등 다른 산업까지 유동성 공급이 시급한 상황이 발생하면 정부나 국책은행들 자금 부담은 가중될 수밖에 없다.

더 큰 문제는 일자리다. 이 같은 기간산업이 무너지기 시작하면 결국 소비 위축을 야기하는 일자리 감소로 이어질 수 있다. 기업 사이드에서 생산이 무너지고, 소비를 할 근로자들이 줄어들면 복합위기가 더욱 장기화할 수 있다는 얘기다.

이런 상황에서 코로나 극복을 위해 '초저금리 시대'가 도래한 점도 우려스러운 부분이다. 돈이 많이 풀려 거품이 꼈는데 위기가 끝나고 돈을 다시 회수하게 되면 버블이 터질 수 있기 때문이다. 가장 위험한 게 부동산 시장이다. 시중 유동성이 풍부해 부동산 가격이 오른 측면이 크다. 그런데 추후 유동성이 위축되면 부동산 가격 폭락으로 경제에 악영향을 끼칠 수도 있다.

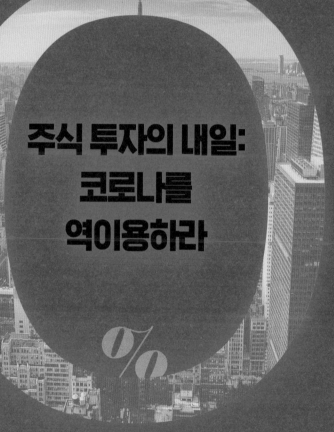

PART
2

주식 투자의 내일:
코로나를
역이용하라

넘치는 유동자금
어디로 튈까

역대 최대 수준 시중 유동성이 주식 시장으로 흘러갈 수 있을까.

한국은행에 따르면 광의통화를 뜻하는 'M2'는 2020년 3월 기준 2,982조 9,300억 원을 기록했다. 곧 3,000조 원을 눈앞에 두고 있는 셈이다. M2는 현금과 요구불예금·수시입출식예금(MMF포함)의 합계를 말하는 협의통화(M1)에 만기 2년 미만의 예적금·시장형 상품·금융채 등 금융상품 잔액을 합해 계산한다. 쉽게 말해 시중에 풀려 있는 자금 가운데 아직 갈 곳을 찾지 못한, 대기자금이라는 해석이 가능하다.

투자처 없이 떠도는 시중유동성은 계속 증가세를 이어가고 있다. 한국은행이 기준금리를 인하하는 등 시중 유동성을 지속적으로 공급한 데 따른 것이다. 한국은행에 따르면 M2는 2020년 3월 전년대비 8.4%가 늘었다. 1월 7.5%, 2월 8.2%가 늘어난 데 이어 증가폭이

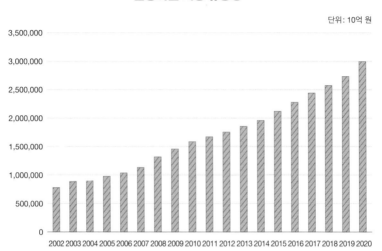

급증하는 시중 유동성

단위: 10억 원

※ 각 연도 3월 기준

출처: 한국은행

갈수록 확대된 것이다.

특히 현금과 요구불예금(예입·인출이 자유롭고 이자가 없거나 저리의 이자를 받는 예금), 수시입출식 저축성예금이 증가세를 이끈 것으로 나타났다. 코로나 사태가 시중 유동성 흐름에도 영향을 미치고 있는 셈이다. 요구불예금은 274조 원으로 1년 전에 비해 44조 7,400억 원 증가했다. 전년대비 증가율이 19.5%에 달한다. 수시입출식 저축성예금은 592조 1,200억 원으로 1년 새 69조 8,100억 원이 확대됐다. 전년대비 증가율이 13.4%로 역시 높은 수준이다.

현금은 117조 7,200억 원으로 전년대비 12조 2,100억 원(11.6%)가 늘었다. 코로나 사태 여파로 시중의 투자자금들이 투자처를 찾

지 못해 현금, 요구불예금, 수시입출식 저축성예금 등에 대기하고
있는 것이다.

시중에 풍부한 자금이 대기중인 부분을 감안하면 증시로 이들
자금이 유입될 가능성은 충분하다는 게 전문가들의 시각이다. 시장
의 단기적인 불안심리가 진정된 후에는 자금이 움직일 수 있다는
것이다.

유동성 흐름 패턴, 과거에서 찾아보기(2001~2013년)

과거 시중 유동성 흐름을 돌아보면 이 같은 견해가 설득력을 얻
을 수 있다. 지난 2001년 12월 M2는 764조 9,500억 원 수준이었다.
시중 통화량은 경제성장과 물가상승 과정에서 꾸준히 상승세를 보
이다 2005년 7월 1,002조 800억 원을 기록하면서 처음으로 1,000
조 원 시대를 열었다.

시중 통화량이 그로부터 두 배가 돼 2,000조 원을 넘어서게 된
때는 그로부터 꼭 9년 후인 2014년 7월이었다. M2는 2,011조 3,000
억 원을 기록했다. 시중 통화량 1,000조 원이 늘어나기까지 9년의
시간이 소요됐다.

M2는 2020년 3,000조 원을 넘어섰다. 2014년 7월 이후 약 6년
만에 다시 시중 유동성이 1,000조 원 이상 늘어나게 된 셈이다. 과
거에는 1,000조 원이 늘어나는 데 9년이 걸렸지만, 최근에는 이 기

간이 6년으로 줄어든 것이다. 이것은 다시 말해 시중 유동성의 증가 속도가 더 빨라지고 있음을 의미한다.

M2는 경제가 활황기에 있거나 기준금리 인하로 유동성이 시장에 풀렸을 때 증가하곤 한다. 연간 단위로 M2 증가폭을 분석해보면 그 해 경제상황에 대한 해석이 가능하다. 2003년 3월 M2는 890조 700억 원으로 1년 전에 비해 12.2% 증가했다. 당시 세계 경제 호황으로 국내 경제상황도 성장세를 이어가고 있었다. 한국의 실질 국내총생산GDP 성장률은 2002년 7.7%를 기록했다. 경제상황이 이처럼 확장되면서 M2가 증가세를 보인 것이다.

반면 2004년 3월 M2는 913조 4,800억 원으로 전년대비 2.6% 증가하는 수준에 그쳤다. 이는 신용카드 대란에 따른 신용시장 경색이 주요 원인이었던 것으로 풀이된다. 무분별한 신용카드 발급으로 카드 이용자들의 연체가 급증했고, 그에 따라 신용카드사들의 부실이 이어졌다. 이 같은 신용시장 충격으로 금융회사들의 자금확보 수요가 늘어나면서 시중 유동성 증가폭이 다른 해에 비해 낮았던 것이다.

M2는 2005~2006년 각각 6.6%, 6.7% 증가(3월 기준)했다. 2005년과 2006년의 명목 GDP 성장률이 각각 5.4%, 5%로 높은 수준이었다는 점을 감안하면 M2 증가폭은 예상만큼 크지 않다. 다만 해당 시기가 어떤 때였는지 돌이켜보면 예상보다 덜한 증가폭의 원인을 가늠해볼 수 있다. 2005년부터 2006년까지는 수도권 부동산 폭등기로 꼽힌다. 부동산 시장이 활황세를 보이면서 시중의 대기자금이

경제주체별 보유 M2 증가율

단위: %

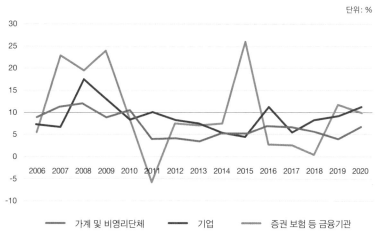

가계 및 비영리단체　　　기업　　　증권 보험 등 금융기관

※ 각 연도 3월 기준　　　　　　　　　　　　　　　　　　　출처: 한국은행

부동산 시장으로 흘러들어간 것이다.

2007년 3월 M2는 1,159조 5,400억 원이었다. 이는 전년대비 11.6% 늘어난 것이다. M2를 보유하고 있는 경제주체 별로 살펴보면 2007년 M2가 늘어난 배경을 짐작할 수 있다. 경제주체별 전년대비 M2 증가율은 가계·비영리단체 11.2%, 기업 6.8%, 증권사·보험사 등 기타금융기관 22.8%, 지방자치단체 등 기타부문 13.3%였다. 경제주체 가운데 증권사·보험사 등 금융기관들에 몰린 자금이 크게 늘어났다는 뜻이다.

2005년 말 M2의 경제주체별 비중은 가계·비영리단체 58.5%, 기업 23.9%, 증권사·보험사 등 금융기관 11.6%였다. 하지만 2007

년 말 이 비중은 가계·비영리단체 58%, 기업 23%, 증권사·보험사 등 금융기관 13.5%로 바뀌었다. 가계와 기업의 비중이 줄어든 대신 증권사·보험사 등 금융기관에서 대기 중인 유동성이 그만큼 늘었다는 의미다.

이는 2007년을 전후해 불어왔던 주식형펀드 열풍, 2007년에 있었던 코스피 2000 돌파가 영향을 미친 것으로 풀이된다. 시중 유동성이 주식 시장 활황세 덕에 증시로 향했다는 해석이 가능하다.

글로벌 금융위기가 덮쳤던 2008~2010년은 시중 유동성이 전례 없이 증가했던 시기다. M2(3월 기준)는 2008년 1,610조 8,600억 원, 2009년 1,477조 9,900억 원, 2010년 1,679조 900억 원으로 역시 증가세를 유지했다. 전년대비 증가율은 2008년 14.6%, 2009년 11.2%, 2010년 9%에 달한다.

글로벌 금융위기로 주식 시장이 폭락하면서 증시에서 빠져나온 자금들이 대기자금 성격으로 남아 있었다. 이 같은 이유로 증권사·보험사 등 기타금융기관이 보유한 M2는 2008년과 2009년 각각 전년대비 19.4%, 23.9% 증가했다.

여기에 한국은행이 기준금리를 인하하면서 가계·기업들의 유동성도 보다 풍부해졌다. 한국은행 금융통화위원회는 2008년 8월 5.25%였던 기준금리를 2009년 2월에는 2%까지 낮췄다. 기준금리를 무려 3.25%포인트 낮춘 것이다. 이는 곧바로 시중 유동성 증가에 영향을 미쳤다. 가계의 M2 증가율(각 연도 3월 기준)은 2008년 11.9%, 2009년 9%, 2010년 10.4%에 달했다. 기업이 보유한 M2

증가율은 2008년 17.3%, 2009년 13.1%, 2010년 8.2%였다. 가계·기업·금융기관 모두에 유동성이 쌓여간 셈이다.

2011~2013년 유동성 증가속도는 다소 둔화됐다. 각 연도 3월 기준 M2는 2011년 1,679조 900억 원, 2012년 1,775조 8,000억 원, 2013년 1,864조 8,200억 원이었다. 전년대비 증가율은 2011년 4.2%, 2012년 5.8%, 2013년 5% 수준이다.

유동성 증가속도가 둔화된 것은 시중에 유동성이 과하게 풀렸다고 판단한 한국은행이 유동성을 거둬들이기 시작한 데 따른 것이다. 한국은행 금융통화위원회는 2010년 7월 기준금리를 2%에서 2.25%로 올린 뒤 2011년 6월에는 3.25%로 차곡차곡 인상했다. 금리인상은 결과적으로 시중 유동성을 회수하는 효과로 작용한다.

여기에 유럽 재정위기가 발생하면서 글로벌 경제상황도 우호적이지 않았다. 그리스, 이탈리아 등 국가의 부채가 늘어나면서 이들 나라에서 재정위기가 발생했고, 그로 인해 국제금융시장에도 상당한 여파가 미쳤다.

국내에서는 부동산 시장의 불황이 장기화되고 있었다. 서브프라임 모기지로 시작된 2008년 글로벌 금융위기 이후 주택시장은 얼어붙은 상태였다. 주택가격 하락으로 전세값·주택담보대출을 합한 금액이 주택 시세보다 큰 '깡통주택'이 속속 등장하고 있었다.

이 같은 부동산 시장의 침체는 금융권에도 충격을 줬다. 부동산 프로젝트파이낸싱(PF) 등으로 수익을 올리던 저축은행 등 금융회사들이 무너지기 시작한 것이다. 당시 제일, 토마토 등 저축은행들이 부실금융기관으로 지정되기도 했다.

이에 따라 증권사·보험사 등 기타금융기관의 M2 증가율은 2011년 3월 -5.3%를 기록했다. 꾸준히 증가하던 기타금융기관의 M2 보유가 마이너스로 돌아선 것이다. 기타금융기관의 M2 보유 비중도 줄어들었다. 2011년 1월 금융회사들은 M2 가운데 14.6%를 보유하고 있었지만, 2013년 1월 이 비중은 13.9%까지 축소됐다.

가계의 M2 증가율은 2011년과 2012년 각각 4.1%, 2013년 3.5%로 집계되는 등 낮은 증가 수준을 보였다. 가계의 여유자금 사정이 그리 좋지 않았던 시기로 해석된다. 반면 기업의 M2 증가율은 높은 수준을 이어갔다. 2011년 10.2%, 2012년 8.2%, 2013년 7.5% 등 유동성은 기업으로 몰렸다. 이 시기는 글로벌 금융위기 이후 위축된 경제상황이 풀리기 시작하면서 기업들의 이익이 확대되고, 그에 따라 내부유보금이 늘어나던 때이기도 했다.

이 과정에서 전체 M2 가운데 가계가 차지하는 비중은 2010년 말 57.1%에서 2011년 말 56.5%, 2012년 말 56.1%, 2013년 말 55.6%로 축소됐다. 3년 새 1.5%포인트가량 비중이 줄어든 셈이다. 반면 기업이 차지하는 비중은 2010년 말 24.1%에서 2011년 말 25.3%, 2012년 말 25.4%, 2013년 말 26.3%로 점차 증가했다. 가계와 금융기관의 비중이 줄어드는 사이 기업의 비중이 빠른 속도로 늘어나는 추이를 보인 것이다.

최근 흐름, 주식 시장인가 주택 시장인가(2014~2020년)

2014년은 시중 유동성에 큰 변동이 있던 해는 아니었다. 그해 3월 기준 M2는 1,965조 5,400억 원으로 2,000조 원 돌파를 코앞에 두고 있던 때였다. M2는 1년 전에 비해 5.4% 정도 늘어나는 데 그쳤다. 가계·기업·기타금융기관 모두 비슷한 수준으로 늘었다. 다만 '기타부문'에 해당하는 지방자치단체 보유 M2가 전년대비 0.5% 감소한 것으로 집계됐다. 부동산 시장 둔화 등 경기침체에 따른 세수부족 현상이 반영된 것으로 해석된다.

그럼에도 유동성의 흐름을 볼 때 2014년이 중요하게 여겨지는 이유는 이 시기 정부의 대규모 경기부양책이 나왔고, 한국은행 역시 기준금리를 인하하면서 마중물 역할에 나섰기 때문이다. 정부는 2014년 여름 주택담보인정비율LTV과 총부채상환비율DTI을 완화하는 내용을 담은 부동산규제 완화 정책을 내놓았다. 또한 시중 유동성이 증시 등으로 흘러갈 수 있도록 각종 제도를 정비했다.

한국은행은 2014년 8월 기준금리를 2.5%에서 2.25%로, 그해 10월에는 2.25%에서 2%로 낮췄다. 한국은행은 이후 2015년 3월, 6월 각각 0.25%포인트씩 내렸고, 2016년 6월 또 한 차례 금리를 인하했다. 기준금리는 2년 새 1.25%포인트 내려간 연 1.25%가 됐다.

재정당국과 통화당국의 경기부양 정책에 증시 또한 일시적으로나마 활황세를 보였다. 코스피는 2014년 여름 2093까지 오르는 등 2100 고지를 눈앞에 뒀다. 증권시장 주변에서는 코스피의 대세적 상승이 시작됐다는 기대감도 흘러나왔다. 2015년 4월 코스피는 장중 한때 2189.54까지 뛰어올랐다. 이는 2011년 이후 최고치였다.

하지만 국내 기업들의 실적 부진과 유럽 경기둔화, 중동호흡기증후군(메르스) 사태에 따른 소비둔화까지 겹치면서 경기상황은 좀처럼 나아지지 않았고, 코스피는 다시 약세로 돌아섰다. 2200선에 육박하던 지수는 2015년 8월 장중 1800선까지 추락하기도 했다. 이후 코스피 지수는 여러 악재 속에서 상승과 하락을 반복하며 '박스권'을 탈피하지 못했다.

이 같은 시장의 흐름은 시중 통화량에도 그대로 영향을 줬다. 우선 2015년 3월 기준 M2는 1년 전에 비해 8.2%가 증가한 2,127조 6,700억 원이었다. 세부 내역을 보면 가계가 보유한 유동성이 5.1%, 기업이 보유한 유동성이 4.8% 늘어난 반면 증권사·보험사 등 기타금융기관이 보유한 유동성은 26.2%가 급증했다. 1년 새 보유 유동성의 4분의 1이 늘어난 셈이다.

이에 따라 M2의 보유비중에도 적잖은 변화가 있었다. 2014년 1월 기타금융기관이 차지하는 M2 비중은 13.8%에 불과했지만, 2014년 7월 15%로 상승한 뒤 2015년 6월에는 17%까지 뛰었다. 2014년 1월 가계와 기업이 보유한 M2 비중은 각각 55.7%, 26.2%였지만, 2015년 6월에는 이 비율이 각각 53.3%, 25%로 축소됐다. 증권사·보험사 등 금융회사들에 시중 유동성이 흘러간 것이다.

2016년에도 시중 유동성은 지속적으로 증가했다. 2016년 3월 기준 M2는 2,294조 4,400억 원으로 전년대비 7.8%가 늘었다. 다만 2015년에 비해 양상은 조금씩 달랐다. 전년대비 증가율은 기업 (11.1%)이 가장 높았고, 가계(6.8%), 기타금융기관(2.8%) 등으로 기타금융기관의 증가폭이 둔화됐다. 기업과 가계에 유동성이 몰렸다는 것으로 그만큼 기업·가계에 상당한 수준의 대기자금이 있었다는 의미다.

2017년과 2018년은 주택시장의 과열양상이 나타났던 시기다. 부동산 가격이 급등세를 보였고, 시중 유동성도 대거 부동산으로 흘러갔다. 자산시장에 이상 징후가 감지되자 각국 중앙은행들이 기준금리를 다시 인상하기 시작했다. 경제가 다시 정상화됐다는 판단과 함께 자산시장의 왜곡을 바로잡기 위한 것이었다.

미국 연방준비제도는 2015년 12월 '제로금리'를 끝낸 뒤 기준금리를 거듭해서 인상했다. 한국은행 역시 기준금리 인상에 나섰다. 한국은행은 2017년 11월과 2018년 11월 각각 0.25%포인트씩 금리를 인상했다. 기준금리는 연 1.75%가 됐다.

정부는 강도 높은 부동산 정책을 시행하기 시작했다. 시장의 풍부한 유동성으로 주택가격이 급격히 상승하는 현상을 막기 위한 것이었다. 그 결과 시중 유동성의 증가세는 일정부분 주춤하게 됐다. M2(3월 기준)는 2017년 2,437조 1,200억 원, 2018년 2,576조 6,800억 원으로 전년대비 증가율이 각각 6.2%, 5.7%였다. 유동성은 부동산으로 흘러가는 경향을 보였고, 시중 유동성 증가폭도 둔화됐다.

2019년에는 통화정책이 다시 완화되는 방향으로 전환됐다. 금리인상 추세가 멈추고, 반대로 인하 쪽으로 방향이 바뀐 것이다. 한국

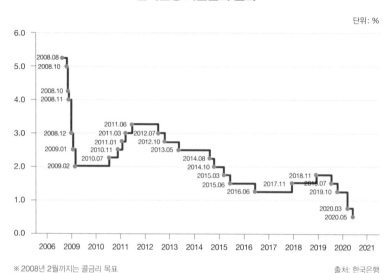

한국은행 기준금리 변화

단위: %

※ 2008년 2월까지는 콜금리 목표

출처: 한국은행

은행은 2019년 7월과 10월 두 차례 기준금리를 인하했다. 기준금리는 다시 2016~2017년 수준인 연 1.25%까지 내려갔다.

2019년 코스피는 연초 2010 선에서 출발, 미국의 완화적 통화정책과 미중 무역협상에 대한 기대감으로 4월 2200선을 넘어섰다. 하지만 미중 무역분쟁 우려가 다시 부각되고, 홍콩 시위 격화 등으로 코스피는 1900선까지 후퇴했다. 이후 국내 기업의 실적회복 기대감 등으로 2200선에 복귀했다.

정책 측면에서는 강도 높은 부동산 규제가 이어지던 시기였다. 기준금리가 다시 하락한 상황에서 시중 자금은 증권사·보험사 등 기타금융기관과 기업 부문으로 흘러갔다. 2019년 3월 기준 M2는

2,752조 8,300억 원이었다. 전년대비 증가율은 6.8%였는데, 기타금융기관과 기업은 1년 새 각각 11.9%, 9.1%가 늘었다. 부동산 시장이 주춤한 상황에서 증시 대기자금이 그만큼 증가했다는 해석이다.

2020년 코로나19 위기가 찾아왔다. 한국은행은 3월 기준금리를 1.25%에서 0.75%로 0.5%포인트 인하했고, 이어서 5월 다시 0.25% 인하해 0.5%까지 끌어내렸다. 기준금리 인하로 시중 유동성은 또 한 차례 큰 폭으로 늘었다. 2020년 3월 기준 M2는 전년대비 8.4%가 증가했다. 1년 새 가계(6.7%), 기업(11.3%), 기타금융기관(9.9%) 모두 M2 보유량이 늘었다. 전례 없는 위기에 가계, 기업, 금융기관 모두 유동성 확보에 나선 것이 영향을 미친 것으로 분석된다.

코로나 충격,
금융위기 때와 어떻게 다른가

2008년 소위 서브프라임 사태, 리먼 사태 등으로 불리는 글로벌 금융위기로 인해 한국 증시는 '쪽박의 공포'에 빠졌다. 코스피 지수는 2008년 5월 19일 장중 한때 1901까지 상승했으나, 같은 해 10월 27일에는 892.16까지 떨어졌다. 불과 5개월여 만에 변동폭이 무려 1000포인트가 넘었다. 세계 증시가 극심한 혼란을 겪으면서 코스피 또한 40%가량 폭락했다. 쉽게 말해 외환위기 이후 최대의 격변기였다.

변동폭이 워낙 극심하다보니 선물가격이 5%(코스닥은 6%) 이상 등락하면 발동되는 사이드카(5분간 프로그램 매매 정지)가 유가증권 시장과 코스닥 시장에서 각각 26번, 19번 발동되는 초유의 상황도 연출됐다.

겹겹이 악재가 쏟아지다보니 주식을 사려는 사람은 없는 데 반해

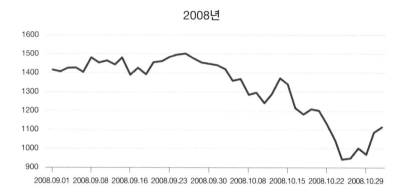

2008년과 2020년 위기 당시 코스피지수 변화

2008년

2020년

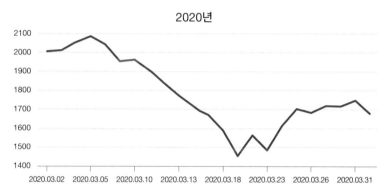

유동성을 확보하기 위해 주식을 헐값에라도 팔겠다는 외국인들의 매도도 겹쳤다. 외국인들은 2008년 한 해 동안 36조 1,150억 원을 순매도했다. 이는 2007년 24조 6,230억 원에 비해 50%가량 늘어난 것이다. 주가는 폭락의 악순환을 이어갔다. 수급이 맞지 않다보니 선물과 현물 가격 차이를 이용한 프로그램 차액거래로 인해 지수가 출렁이는 '왝더독' 현상도 나타났다. 왝더독은 꼬리(선물)가 몸통(현물·코스피)을 흔드는 현상을 뜻한다.

증시 폭락은 한국만의 이야기가 아니었다. 세계 증시가 일제히 나락에 빠졌다. 2008년 다우지수는 36% 하락했고, 상하이종합지수는 64%나 떨어졌다. 국제유가는 배럴당 154달러까지 치솟았고, 리먼브러더스 파산과 금융회사들의 잇따른 부실, 자동차업체에 대한 구제금융 등 해외 부문에서도 곳곳이 지뢰밭이었다. 인플레이션, 스태그플레이션, 디플레이션을 동시에 경험한 최초의 해였던 셈이다.

당시 국내 증시는 세계 주요 증시와 비교해볼 때 오히려 선방했다는 평가도 있었다. 2008년 증권선물거래소가 발표한 '2008년 세계 증시 동향'에 따르면 코스피는 2008년 1월부터 12월 24일까지 40.51% 떨어졌다. 이는 조사 대상 43개국 45개 증시 가운데 주가가 열 번째로 덜 하락한 것이다.

하락 속도, 코로나19 > 금융위기

2008년 9월 15일 미국 투자은행 리먼브러더스의 파산은 글로벌 금융위기의 신호탄이었다. 리먼브러더스 파산은 서브프라임모기지(비우량 주택담보대출) 부실의 후유증으로 우려만이 감돌았던 시장을 일순간에 혼란으로 빠뜨린 상징적 사건이었다.

2008년 9월 12일 코스피 종가는 1477.92였지만 리먼브러더스의 파산이 알려진 9월 16일 코스피는 1387.75에 장을 마쳤다. 시장이 일시적으로 출렁였지만 이내 안정을 찾으면서 같은 달 25일에는 1501.63(종가기준)까지 올라 다시 1500선을 회복하기도 했다.

하지만 이후 코스피는 속절없이 무너졌다. 10월 2일 1419.65로 떨어진 데 이어 같은 달 10일에는 1241.47로 내려간 뒤 2주 후인 24일에는 938.75로 하락했다. 사실상 시장이 붕괴된 셈이다. 11월 5일 코스피 지수는 다시 1181.5로 회복됐지만 역시 2주 후인 20일 948.69로 또 다시 추락하고 말았다. 충격을 경험한 증시는 2009년 상반기에 등락을 반복하다가 7월이 돼서야 다시 1500선을 회복했다. 코스피가 급격하게 떨어졌던 시점인 9월 25일부터 10월 24일까지 한 달 새 증시는 종가기준 1501.63에서 938.75로 37.5%가 하락했다.

2020년 코로나 사태에 따른 증시 충격은 2008년 글로벌 금융 위기 당시와는 다른 양상을 보였다. 2020년 3월 5일 코스피 지수는 2085.26에 장을 마쳤다. 미국 연방준비제도가 기준금리 1.5~1.75%에서 0.5%포인트 인하를 단행하면서 국제금융시장에 불안감이 감돌았고, 이내 시장은 출렁이기 시작했다. 3월 9일 코스피 지수는 1954.77까지 하락했다가 3월 10일에는 1962.93으로 소폭 반등하면서 숨고르기에 들어갔다.

이후 증시의 자유낙하가 시작됐다. 3월 13일 1771.44에 장을 마친 데 이어 같은 달 18일 1591.2로 떨어지며 1600선이 무너졌다. 19일에는 1457.64로 종가 기준 최저 수준까지 내려왔다.

코스피 하락 기간을 3월 5일부터 19일까지 2주로 본다면 코스피 지수는 30%가 빠졌다. 코로나 사태로 시장이 폭락하는 기간은 2008년 금융위기 당시보다 짧았지만, 하락폭은 그에 못지않았다는 의미다. 일평균 증감률을 보면 2020년 코로나 사태와 2008년 금융위기 상황의 비교가 가능하다. 2020년 3월 5~19일 코스피 지수는 하루 평균 3.51% 하락했다. 반면 2008년 글로벌 금융위기로 증시 폭락이 이어진 9월 26일부터 10월 24일까지 코스피 지수는 일평균 2.25% 떨어졌다. 코스피 지수의 하락폭은 2008년 글로벌 금융위기가 더 크지만, 하락 속도는 코로나 위기가 더 빨랐다는 해석이 가능하다.

외국인 순매도, 코로나 사태 때 2배 이상 많아

국내 주가는 외국인이 사면 상승하는 흐름을 보이곤 한다. 외국인들의 거래 규모와 주가 변동성 또한 비례하는 경향을 보여 왔다. 이 때문에 증시 방향을 예상할 때 외국인들의 동향은 중요한 변수로 꼽히곤 한다.

2008년 9~10월 글로벌 금융위기와 2020년 3~4월 코로나 위기 시점의 외국인 순매도 또한 차이가 있다. 위기를 맞았을 때 자금을 회수하려는 움직임이 있었던 것은 마찬가지지만, 코로나 위기 국면에서의 외국인 순매도가 상대적으로 더 컸던 것이 사실이다.

한국은행 통계에 따르면 2008년 9월 외국인들의 순매도는 2조

2008년과 2020년 외국인 순매도 비교

단위: 100만 원

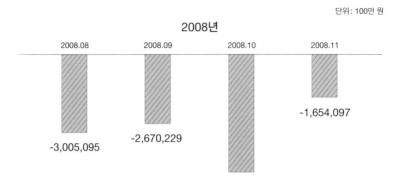

2008년

| 2008.08 | 2008.09 | 2008.10 | 2008.11 |

-3,005,095

-2,670,229

-4,603,426

-1,654,097

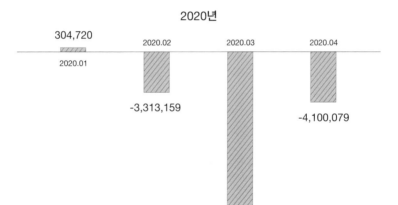

2020년

304,720

2020.01

| 2020.02 | 2020.03 | 2020.04 |

-3,313,159

-12,555,010

-4,100,079

6,702억 원이었다. 다음 달인 10월에는 4조 6,034억 원으로 2개월 간 7조 2,737억 원에 달했다. 특히 그해 10월 외국인 순매도는 1년 전에 비해 5,580%가 폭증할 정도로 패닉 상태가 이어졌다.

2020년 코로나 위기에서 외국인들의 순매도세는 훨씬 더 컸다.

우선 3월 한 달간 외국인들은 12조 5,550억 원을 순매도했다. 1년 전에 비해 4,272% 늘어난 수준이다. 4월에도 외국인 순매도 금액은 4조 1,001억 원에 달했다. 외국인들이 3~4월 두 달간 16조 6,551억 원을 팔아치운 셈이다.

2008년 9~10월에 비해 2020년 3~4월 모두 증시 변동성이 극심했지만, 외국인들의 순매도는 규모 면에서 차이가 있다. 코로나 위기 시점이 2.3배가량 더 많다.

이처럼 코스피 지수의 하락속도와 외국인 순매도 규모를 분석해보면 2008년 글로벌 금융위기 당시와 2020년 발생한 코로나 시점의 상황이 다르다는 점을 짐작할 수 있다. 코스피 지수는 코로나 때 더 빠른 속도로 하락했고, 외국인들의 순매도 규모도 많았다. 이는 시중에 풀린 돈의 양이 달라졌다는 의미로 풀이할 수 있다. 유동성이 풍부하다는 것은 그만큼 시장이 더 빠르게 반응하고, 그에 따라 변동성도 더 커질 수 있다는 것을 뜻한다.

이는 시장이 반등을 시작한다면 더 빠르게 반등할 수 있다는 의미로도 볼 수 있다. 시중 유동성이 풍부한 만큼, 일단 반등이라는 흐름만 갖춰진다면 과거보다 주가 회복기간이 더 단축될 수 있다는 해석도 가능하다. 실제로 2020년 6월 9일 기준 코스피 지수는 2200선까지 폭발적으로 오른 바 있다.

2008년 금융위기 당시와 비교해볼 수 있는 부분이다. 2008년 외국인 순매도는 대혼란을 겪었던 10월 이후 11월 1조 6,541억 원을 기록한 뒤 12월부터 순매수로 전환됐다. 외국인들도 '팔자'보다는

'사자' 쪽으로 전환된 것이다. 2008년 12월 이후 2010년 4월까지, 2009년 2월과 2010년 2월을 제외하고는 외국인들은 코스피 시장에서 지속적으로 순매수 행보를 이어갔다. 코스피 지수는 이 기간 중 꾸준한 상승을 거듭하면서 1750선을 회복했다.

비슷한 듯 다른 두 위기

시가총액의 변동폭은 두 가지 위기가 비슷한 듯 다르다. 한국은행 통계에 따르면 2008년 10월 코스피 시가총액은 566조 4,381억 원으로 같은 해 9월에 비해 170조 2,186억 원이 '증발'했다. 한 달 새 23.1%가 빠진 셈이다. 이는 전년동기대비 45% 감소한 것으로 시가총액은 1년 새 사실상 반 토막이 났다.

코로나 위기가 한창이던 2020년 3월에는 코스피 시가총액이 1,179조 7,287억 원을 기록했다. 이는 한 달 전에 비해 157조 9,882억 원 줄어 -11.8% 감소한 것이다. 전년동기대비로도 16.8% 줄어들어 글로벌 금융위기 당시보다는 상대적으로 충격이 덜했다.

개인의 순매수 행렬이 있었던 것은 2008년 글로벌 금융위기와 2020년 코로나 위기가 유사한 흐름을 보였다. 개인투자자들은 2008년 9월 5,522억 원을 순매도했지만, 다음 달인 10월 2조 4,625억 원을 순매수했다. 한 달 전에 비해 5배 가까이 증가한 것이다. 이는 1년 전에 비해서도 2배가 늘어난 수준이었다. 실제 당시 선물·

유가증권 시장에서는 개인투자자들이 시장을 쥐락펴락했다. 선물·유가증권시장에서 개인매매 비중이 각각 최고 42%, 62%까지 치솟기도 했다.

2020년 코로나 위기에서는 개인투자자들이 사상 최대 규모로 주식을 사들이며 증시를 떠받쳤다. 일명 '동학개미운동'이 벌어진 것이다. 2020년 3월 개인투자자는 모두 11조 1,869억 원을 증시에 투입했다. 한 달 전인 2월(4조 8,974억 원)에 비해 128.4%가 증가한 수준이다. 전년대비 증가율은 1,795.4%에 달한다. 글로벌 금융위기 당시보다도 훨씬 더 큰 규모로 개인들의 투자가 이뤄졌다는 분석이 가능하다. 외국인들의 매도 흐름에도 불구하고 개인투자자들이 증시를 방어했던 셈이다.

증시 주변자금을 봐도 2008년 글로벌 금융위기와 2020년 코로나19 위기는 다른 양상을 보인다. 증시주변자금은 투자자 예탁금, 파생상품거래 예수금, 환매조건부채권(RP), 위탁매매 미수금, 신용융자 잔고, 신용대주 잔고 등을 합한 금액을 뜻한다.

글로벌 금융위기가 휩쓸었던 2008년 10월 기준 증시주변자금은 53조 7,414억 원이었다. 같은 해 7월 57조 3,059억 원, 8월 57조 1,817억 원, 9월 57조 6,207억 원에 비해 4조 원 가량이 줄어든 수준이다. 증시 폭락을 겪으며 자금이 아예 증시 주변에서 빠져나가 버린 셈이다. 당시 시장에서 느꼈던 공포감이 반영된 결과로 분석된다. 이후 증시주변자금은 그해 11월 55조 6,100억 원, 12월 56조 5,072억 원으로 증가한 뒤 2009년 1월 59조 3,710억 원, 2월 61조

4,647억 원으로 늘었다.

코로나 위기 때는 분위기가 달랐다. 증시주변자금은 2020년 1월 115조 3,243억 원, 2월 124조 906억 원, 3월 132조 3,617억 원, 4월 141조 80억 원에 이어 6월에는 144조 9,763억원에 달해 지속적으로 증가해왔다. 시장이 폭락하는 공포를 겪었지만, 증시 주변에서 자금이 완전히 빠져나가지는 않았던 것이다. 이 같은 자금은 언제든 증시에 다시 투입될 수 있다는 측면에서 증시 회복에도 긍정적으로 작용할 수 있다.

2008년 10월에는 증시주변자금 가운데 투자자예탁금의 비중이 18.7%를 차지했지만, 2020년 4월에는 이 비중이 30.3%에 달한다. 글로벌 금융위기에 비해 코로나 위기 시점에서는 투자자들이 주식에 매력을 더 느끼고 있음을 뜻한다. 시중에 풀려 있는 자금 역시 그만큼 많다는 점 또한 반영된 것으로 보인다.

증시주변자금 가운데 신용융자 잔고는 2008년 10월 2% 수준이었지만, 2020년 4월은 6.4%로 비중이 더 크다. 상승장을 예상하는 투자자들이 신용융자로 주식 투자를 준비하는 경향이 반영된 것으로 보인다. 일각에서는 투기적인 수요가 늘었다는 우려도 제기된다.

회복 속도는 어떻게 달라질까

'대장주'로 꼽히는 삼성전자 주가가 상대적으로 선방한 것도

2008년 글로벌 금융위기와 2020년 코로나 위기의 공통점으로 꼽힌다. 삼성전자 주식 주당 가격(종가 기준)은 2008년 9월 25일 56만 7,000원에서 같은 해 10월 24일에는 40만 7,500원으로 하락했다. 28.1%가 떨어진 것이다. 같은 기간 코스피 지수의 하락폭이 37.5%였다는 점을 감안하면 선방했다는 분석이 가능하다. 삼성전자 주가가 다시 57만 원대를 회복한 것은 이듬해인 2009년 3월 26일이었다. 원상회복까지 약 5개월여가 소요된 셈이다. 코스피 지수가 2008년 9월 25일 이후 다시 1500선으로 복귀한 것은 2009년 7월 24일이었다. 다시 원상회복까지 9개월여가 걸린 점을 감안하면 삼성전자 주가는 하락폭도 적고, 원상회복 속도도 빨랐다.

코로나 위기가 본격화되기 직전인 2020년 3월 5일 삼성전자 주가(종가)는 주당 5만 7,800원이었다. 주가는 같은 해 3월 19일 4만 2,500원까지 떨어졌다. 이 기간 중 하락폭은 26.5%에 달했다. 같은 기간 코스피 지수가 30% 하락한 점을 감안하면 하락폭 또한 상대적으로 덜했다.

코스피는 세계적인 코로나 유행 국면에서 주요국 증시 가운데 빠른 회복세를 보이고 있다. 과거 미국·유럽 등 선진국 증시에 비해 호재에는 덜 오르고, 악재에는 더 민감하게 반응하던 모습과는 새삼 달라진 셈이다.

과거 한국 증시가 경험했던 위기와 비교해 봐도 코로나 위기에서의 회복 속도는 빠른 편인 것이 사실이다. 2008년 금융위기 당시 코스피 고점은 2008년 5월 16일(1888.88)이었고 저점은 10월 24일

(938.75)이었다. 코스피가 2008년 저점에서 37% 이상 회복하는 데는 5개월여가 소요됐다. 1997~1998년 외환위기 당시에도 1998년 최악을 기록했던 6월 16일(280) 저점으로부터 37% 이상 회복하기까진 4개월(1998년 10월 20일)이 걸렸다.

2008년 글로벌 금융위기와 코로나 위기는 근본적으로 차이점이 있다. 2008년 금융위기는 미국 비우량 주택담보대출에서 발생한 부실 문제가 확산되면서 금융부문을 시작으로 실물부문에 파급효과를 미쳤다. 반면 2020년 코로나 위기는 팬데믹 공포로 인해 정상적인 경제활동을 하지 못하면서 실물경제에 충격이 먼저 왔고, 이 같은 충격이 금융시장으로 번진 케이스다. 위기의 양상이 다른 것이다.

코로나 위기 국면에서 금융시장은 작은 충격에도 크게 반응하는 상황이 발생했다. 이는 2008년 이후 세계적으로 유동성이 축적된 데 따른 영향으로 풀이된다. 코로나 확산세가 멈추고 주요국들이 경제활동을 재개한다고 해도 위기요인은 여전히 남아 있다. 미국과 중국은 정면충돌 양상을 보이고 있다. 세계 각국이 '자국 중심주의'를 내세우면서 그동안 자유무역을 근간으로 했던 세계질서에도 변화가 예견되고 있다.

가뜩이나 넘쳐나던 유동성은 코로나를 계기로 한층 더 확대되었다. 세계 각국 정부와 중앙은행이 코로나 사태 극복을 위해 대규모 돈 풀기에 나선 데 따른 것이다. 세계적인 경기 호황기였던 2008년 발생한 글로벌 금융위기 당시에 비해 경제의 기초체력이 약해진 상태다. 이에 실물경제의 회복속도가 예상보다 더 느릴 수 있다는 관측도 나오고 있다. 제롬 파월 미 연준 의장은 "경제가 완전히 회복되기 위해서는 코로나 백신 개발까지 기다려야 할 수도 있다. 다만 코로나의 '2차 감염 확산'이 없다면 경제는 2020년 하반기에 서서히 회복할 것으로 생각한다"고 전망했다.

포스트 코로나
확실한 유망종목은

위기는 곧 '패닉셀링'을 불러왔다. 대규모 글로벌 위기가 닥치면 해외 증시보다 국내 증시의 충격파가 더 큰 경우가 많았다. 그러나 이 같은 위기를 겪으면서 어떤 투자자들은 대박을, 어떤 투자자들은 쪽박을 찼다. 왜 같은 위기에서도 다른 수익률이 나오는 걸까.

이번 코로나 사태로 인해 글로벌 증시는 패닉셀링을 겪었다. 주식을 가격에 상관없이 내다파는 투매 현상이 발생한 것이다. 2010년 이후 코로나 사태 직전까지 미국 시장에서 6번의 패닉셀링이 발생했는데, 대부분 저점을 찍은 후 6개월 이내에 낙폭을 회복하는 모습을 보였다. 일부에선 이 같은 학습 효과를 내세워 이번 코로나 충격도 이 같은 '회복력'에 의해 극복될 수 있다는 분석을 내놓는다.

과거 위기, 저점 이후 6개월 안에 극복

　삼성증권 분석에 따르면, 금융위기 이후 이번 코로나 확산 이전까지 S&P500은 총 6차례의 패닉셀링을 겪었다. 2010년 4월 그리스가 금융 지원을 요청하자 투자심리가 급격히 악화되면서 글로벌 주요국의 증시가 폭락했다. 앞서 그리스 재정 적자에 대한 우려가 커지면서 신용평가사들이 그리스 국채 등급을 떨어뜨렸고, 그리스 국채도 폭락했다. 당시 S&P500지수는 1217.28에서 1022.58로 16% 추락했다. 이후 유럽 각국이 힘을 모아 문제해결에 나섰다는 뉴스가 보도되기 시작했다. 이후 상황이 나아진다는 희망이 퍼지면서 S&P500은 2010년 7월 2일 저점을 찍은 후 한 달 만에 10.1% 반등했고, 6개월 뒤에는 23.0%의 수익률을 기록했다.

　2011년 4월 남유럽 재정위기가 불거지자 세계 경제는 또다시 얼어붙었다. 2011년 4월 말부터 10월 초까지 S&P500은 19.4% 하락했다. 2010년 때 낙폭보다 2배 가까이 깊었다. 그만큼 패닉셀링이 심했다는 뜻이다.

　이후 유럽중앙은행ECB이 양적 완화 프로그램을 가동해 남유럽 국가들의 국채를 사들이는 등 구원투수로 나서면서 이 사태는 일단락됐다. S&P500은 저점 이후 한 달 만에 14.7%, 6개월 후 28.6% 상승했다. 낙폭을 다 만회한 셈이다. 유럽이 망할지 모른다고 생각해 주식을 내다 판 사람은 단기적으론 안도의 한숨을 내세웠겠지만, 이후 주식 가격이 회복되는 모습을 보면서 속이 쓰릴 수밖에 없었을 것이다.

2015년 5월 제조업 경기 하락 우려가 증시를 덮쳤다. 2015년 중순 기업들의 실적이 하락세로 돌아선 것이 경기 침체에 대한 공포로 번졌다. S&P500은 96일 동안 고점 대비 12.4% 하락했다. 그러나 이후 기업들의 실적이 회복되면서 시장은 안정을 되찾았고, 저점을 통과하고 3개월 후 S&P500은 11.8% 상승했다.

2015년 11월 유가 급락에 대한 우려가 높아지면서 증시가 흔들렸다. 2014년 6월 107달러 선에 거래됐던 유가는 2015년 말 37달러 선까지 떨어졌다. 미국 셰일가스에 맞서 사우디 등 OPEC(석유수출국기구)이 공급과잉 상황에서도 생산을 줄이지 않았기 때문이다. 어찌 보면 코로나 사태 당시의 주변 상황과도 닮았다. 2016년 경기 회복세가 본격화되면서 유가는 반등했다. S&P500은 저점 이후 3개월, 6개월 후 각각 12.9%, 19.5%의 상승률을 기록했다.

2018년에도 1월 위안화 평가절하와 9월 미국 연방준비제도 긴축 이슈가 불거지자 S&P500은 고점 대비 각각 10.2%, 19.8% 하락했다. 그러나 저점 통과 6개월 후 S&P500은 각각 10.7%, 25.3% 반등했다.

김지훈 삼성증권 연구원은 "앞서 6차례의 패닉셀링 사례 모두 저점 형성 이후 대부분 주식들이 6개월 후에는 원래 가격을 회복하는 모습을 보였다. 이번 코로나 사태도 패닉셀링에 동참하기보다는 향후 코로나 대응과 이에 관련된 수혜주를 중심으로 긍정적 시각을 유지해보는 것이 방법"이라고 밝혔다. 삼성증권은 2020년 코로나 사태 속에서 고점 대비 주가하락 수준이 과도한 IT, 헬스케어 업종 등은 주식 시장이 과거처럼 본격적으로 반등하기 시작할 때 다른 업종보다 수익률이 높을 수 있다고 내다봤다.

금융위기 당시 국내주식 반등 사례

이처럼 과거의 위기 극복 사례를 살펴보면 앞으로 투자 전략을 짜는 데 큰 도움이 된다.

미국의 경우 앞서 살펴본 대로 10번의 위기를 모두 극복하며 결국 주식이 상승하는 '장관'을 연출했다. 그러나 미국 증시가 최근 10년간 꾸준히 올랐던 것과 달리 국내 증시의 경우 부침이 워낙 심했다. 여전히 과거의 위기를 극복하지 못한 업종이나 주식도 존재한다. 미국의 사례를 국내에 그대로 적용하기 어렵다는 뜻이다.

그러나 2008년 글로벌 금융위기, 즉 리먼브라더스 사태 이후 국내 증시와 일부 종목은 드라마틱한 변화를 경험한다. 코로나로 인해 국가가 한때 마비 상태까지 갔던 점을 고려하면 2008년 당시를 반면교사 삼을 만하다는 평가가 증권가에서 나온다.

2008년 10월 24일, 코스피 지수가 10.24% 급락하면서 3년 5개월 만에 세 자릿수(938.75)로 내려앉았다. '공포의 월요일'이라 불린 10월 27일에는 코스피 지수 900선마저 무너졌다. 2008년 당시 일일 변동성 확대와 함께 오후 들어 증시가 폭락하는 일이 비일비재

하자 '도시락 폭탄'이라는 말도 나왔다. 주식 시장 브로커들이 도시락으로 점심을 때운 후 홧김에 폭탄을 던져 주식 시장이 급락한다는 씁쓸한 말이었다.

2008년 10월 28일에는 코스닥지수가 250선 아래로 추락했다. 한국 증시 대장주인 삼성전자가 9·11테러 직후보다 더 큰 폭(-13.76%)으로 떨어지는 일까지 발생했다. 그야말로 "추락하는 것에 날개는 없다"는 말이 실감되는 상황이었다.

이후 1년만인 2009년 가을에는 전혀 다른 풍경이 펼쳐졌다. 기업들이 3·4분기 실적발표 시즌을 맞아 연일 '깜짝 실적'을 내놓으면서 상황이 반전됐다. 코스피 지수는 1600포인트선, 코스닥지수는 500포인트선을 중심으로 오르락내리락했다. 2008년에 주식을 다 팔아치우고 여의도 쪽은 쳐다보지도 않던 투자자들이 밤잠 설치는 순간이었다.

2009년 초까지만 해도 증시가 이처럼 회복될 것이라고 장담하는 증시 전문가는 거의 없었다. 하지만 국내 기업들은 위기 상황에서 전문가들조차 예상치 못했던 저력을 보여준 셈이다. 일부 기업들은 오히려 위기국면에서 쟁쟁한 글로벌 경쟁업체를 제치고 입지를 강화했다. 삼성전자, 현대차 등 글로벌 경쟁력을 갖춘 대기업들도 실적과 함께 주가가 크게 회복됐지만, 상대적으로 약소한 종목들까지 대거 약진했다. 금융위기 이전에는 존재감이 작았던 종목들이 대부분이었다.

2008년 10월 27일 대비 2019년 10월 27일 주가 상승률이 가장 높은 코스피 종목은 넥센타이어였다. 해당 기간 1년 동안 주가 상승률은 무려 511.25%. 같은 기간 코스피 지수 상승률(84.87%)보다 6배나 높은 상승률이다. 넥센타이어는 글로벌 금융위기가 닥치기 이전에는 증시에서 '가장 저평가된 타이어주'였다. 하지만 위기가 발생하자 넥센타이어의 실적 안정성이 빛을 발하기 시작했다. 가격경쟁력, 생산능력, 효율적인 재고 관리 능력 등이 부각됐다.

지금도 유명한 게임주 엔씨소프트 역시 위기에 강했다. 엔씨소프트의 1년간 주가 상승률은 477.87%로 코스피 2위를 차지했다. 삼성테크윈은 글로벌 금융 위기 속에서 실적이 부진하자 증권가로부터 혹평을 받았던 '문제아'였다. 그러나 이 종목은 기업 구조 개편이란 수혜를 고스란히 받으며 실적이 뛰었다. 삼성테크윈은 삼성이미징(디지털카메라 사업부)을 분할한 후 화려하게 비상했다. 삼성테크윈의 주가는 1년 전에 비해서는 391.0%, 삼성이미징 분할 이후 첫 거래일(2월 20일) 대비 같은 해(2009년) 10월 말까지 211.4% 상승했다. 삼성테크윈 역시 실적이 안정된 데다 현금 창출 능력이 좋고, 차세대 성장동력을 확보했다는 점에서 주가가 많이 올랐다.

위기 때 정부가 내놓는 정책도 잘 봐야 한다. 금융위기 이후 정부는 그린에너지 등 차세대 성장동력을 대거 발표했는데 이 때 먹혔던 것 중 하나가 'LED(발광다이오드)' 사업이었다. 지금은 흔히 쓰는 용어로 관련 종목까지 잘 정리돼 있지만 당시엔 LED란 말조차 생소했다. 이 때 LED 사업부를 갖고 있던 삼성전기 주가가 폭발했다. 정부 정책과 함께 삼성전자가 자신들의 제품인 LED TV 홍보에 적극 나서면서 삼성전기 주가는 더욱 탄력을 받기도 했다. 금융위기 이후 삼성전기의 주가는 3배 이상 올라 코스피 전체 주가 상승률 16위를 차지했다. 당시 코스닥 시장에서도 LED 관련주로 꼽히는 서울반도체와 루멘스, 신화인터텍 등의 주가가 대거 올랐다.

그래서 포스트 코로나 주도주는?

코로나가 불러온 언택트 소비는 국내 유통업의 '탈(脫) 오프라인'을 앞당긴 자극제다. 코로나가 부정적 역할만 한 건 아니다. 마치 북극 상공에 광활하게 펼쳐졌던 오존 구멍이 코로나 사태로 전 세계가 숨죽일 동안 싹 사라졌다는 사실과 일맥상통한다. 인간이 활동을 줄이니 오염물질이 사라져 생태계에는 긍정적 역할을 한 것이다. 이처럼 포스트 코로나 시대는 전에 주목받지 못했던 산업을 일깨우거나 이제 막 태동하는 업종에 가속도를 붙여준다.

2020년 3월 쿠팡·이베이코리아·11번가 등 주요 온라인 유통업체 매출은 작년 동월대비 16.9% 늘었다. 온라인이 오프라인 매출을 넘어서는 것도 이제 코앞으로 다가왔고 코로나 때문에 그 속도가 더 빨라지고 있다.

포스트 코로나의 주도주가 비대면 산업이라는 데는 큰 이견이 없을 것이다. 여의도 증권 고수들은 하나같이 향후 주도주로 인터넷, 클라우드 컴퓨팅, e커머스 등 비대면산업에 주목하고 있다. 이들 업종은 4차 산업혁명 시대에 꾸준히 기대주로 통했지만 코로나 사태를 통해 성장이 가속화할 것이 불 보듯 뻔하다.

외부 활동이 줄면서 전자상거래와 웹툰으로 초호황을 누리고 있는 네이버와 게임주 엔씨소프트는 지금보다 향후에 주가가 더 뜰 수 있다. 전통적인 제조 기업들의 실적 하향이 본격화하고 있지만 이들 종목은 영향이 제한적이다. 많은 사람들이 코로나를 피해 '집콕'에 나섰을 때 확실히 느꼈을 것이다. 실제 주식 시장에서 위력을 보여주는 시가총액 추이는 어떨까.

사람을 만나야 뭔가 이뤄지는 대면산업 대표 주식으로 현대차, 현대모비스, 기아차, 포스코, 현대중공업, SK이노베이션을 한 묶음으로 묶는다. 여기에 대항하는 비대면 주도주로 네이버, 카카오, 엔씨소프트가 한 묶음이다. 코로나 전후로 비대면 주식의 시가총액은 확실한 하락세를 보였지만 비대면 주식들은 낙폭도 작았고 그만큼 반등도 강했다.

이 같은 흐름 속에서 2020년 전통적 제조업은 지고, 언택트(비대면) 주식은 뜨는 현상이 나타나고 있다. 코로나가 언택트·바이오 업종에 날개를 달아줘 전통 제조업 종목을 밀어내고 코스피 시가총액 순위 판도를 바꾸고 있는 것이다.

2020년 5월 26일 한국거래소 기준 시총 1위는 삼성전자(294조 6,088억 원)다. 2위 역시 SK하이닉스(59조 3,322억 원)로 반도체 관련 주가 투톱을 유지했다. 그러나 3위 삼성바이오로직스(42조 4,118억 원), 4위 네이버(38조 9,304억 원), 5위 셀트리온(28조 9,445억 원), 6위

LG화학(28조 8,723억 원), 7위 삼성SDI(25조 303억 원), 8위 카카오(23조 2,041억 원), 9위 LG생활건강(21조 9,280억 원), 10위 현대차(20조 8,967억 원) 등이 순서대로 나열되며 2019년 말과 확연히 다른 모습이다.

2019년 12월 말 시총 순위는 기존 주도주인 삼성전자와 SK하이닉스에 이어 네이버, 삼성바이오로직스, 현대차, 현대모비스, 셀트리온, LG화학, 포스코, 삼성물산 등의 순이었다. 그러나 코로나 확산으로 비대면 관련 IT 종목 기업과 바이오 업종은 급부상한 반면, 자동차와 철강 등 전통적인 제조업은 순위 밖으로 밀려났다.

특히 시총 상위권 중 대표 언택트 수혜주인 카카오와 네이버가 무서운 상승세를 보였다. 카카오는 연일 신고가를 갱신하며 현대차에 이어 LG생활건강을 제치며 한때 시총 순위 8위를 기록하기도 했다. 2020년 들어 5개월 동안 카카오 주가는 60% 넘게 올랐다. 코로나로 인한 폭락장에서 주가가 12만 원선까지 떨어졌다가 이후 두 달 사이 두배나 급등했다. 1년 전인 2019년 5월 27일 카카오 주가는 12만 2,000원, 시총은 10조 1,750억 원으로 시총 순위 30위에 불과했다. 1년 만에 22계단이나 껑충 뛰어오른 것이다. 네이버 주가는 4~5월 20% 급등하며 삼성전자, SK하이닉스, 삼성바이오로직스에 이어 시총 4위 자리에 올라섰다.

코로나 위기 때 바이오와 제약, 게임 관련주의 성장도 주목된다. 2020년 6월 10일 현재 시총 3위인 삼성바이오로직스는 한때 정치적 이슈로 상장폐지까지 몰렸던 신세에서 코로나로 인해 완전히 환골탈태한 모습이다. 2019년 말 시총 25위였던 엔씨소프트(5조 4,679

억 원)도 10계단 뛴 14위까지 올라섰다. 5월 25일에는 국내 넘버원 자동차 부품기업 현대모비스를 제치고 시총 순위 13위까지 오르기도 했다. 반면 2019년 말 5위였던 현대차는 9위로 밀려났고 현대모비스는 6위에서 13위로, 포스코는 9위에서 17위로 떨어졌다. 특히 시가총액 상위 10개 종목이 모두 성장주로 구성돼 '포스트 코로나' 시대의 주도주가 될 것이란 분석이 나온다.

코로나 때문에 가족 간 거래도 안 하고 재택근무를 할 때도 암암리에 문을 열고 영업한 곳이 학원이다. 코로나의 무서움보다 학구열이 더 뜨거운 다이내믹 코리아다. 이 같은 현상을 고려하면 포스트 코로나 재테크를 준비하면서 온라인 사교육을 빼놓을 수 없다. 온라인 사교육 대표주는 메가스터디교육이다. 이미 실적에서 숫자를 보여주니 향후 주가 전망도 좋다. 메가스터디의 2019년 4분기 매출액은 990억 원으로 전년 동기 대비 32.9% 증가했다. 영업이익은 13억 원으로 23.6% 늘었다. 메가스터디는 단기 실적 압박에도 초중등 사업부에 대한 투자를 단행했다. 멀리 보겠다는 의미다. 선투자가 이뤄지니 실적은 예상치를 밑돌았다. 그러나 투자자들은 돈이 되는 곳에 미리 투자하는 것에 높은 점수를 준다.

증권가에선 코로나의 여파가 확산되고 있음에도 메가스터디가 지속 성장할 가능성이 높다고 보고 있다. 특히 이 같은 교육주는 교육 정책에 따라 움직이기 때문에 교육부의 정책을 잘 따라가야 한다. 수능으로 대표되는 정시 비중 확대와 EBS 연계율 변화로 메가스터디의 주가 전망은 밝은 편이다. 코로나가 잠잠해질 것을 대비한 오프라인 학원 확충도 눈에 띤다. 메가스터디는 기존 학원의 확장, 기숙학원 추가 증축에 나서고 있다. 양지기숙학원은 1,000명 수용규모에서 1,500명까지 늘리고 있고, 러셀기숙 학원도 신축 중이다.

반도체,
코로나 넘는다

생활인으로서 코로나 사태 이후 마스크와 손소독제는 필수품이 되었다. 기업인 입장에서는 재택근무나 원격 화상회의가 친근한 말이 됐다.

이들을 모두 묶어주는 하나의 용어는 '언택트(비대면)'다. 언택트 시대에는 생각보다 많은 IT 부품이 필요하다. 사람과의 거리를 확보하면서도 의사소통이 되려면 IT 기술이 필요하기 때문이다. 또 중요한 결정 때에도 IT 기술은 필수다. IT 강국 대한민국이 다른 나라로부터 '코로나를 잘 극복하고 있다'는 평가를 듣는 이유는 의료기술과 함께 IT 기술도 한몫하고 있다.

이에 따라 일부 반도체, 컴퓨터 등 IT 생산·제조 업체들은 2020년 상반기에 나쁘지 않은 성과를 보였다. 코로나로 인해 위기가 올 것이라는 예상과는 반대의 시나리오가 나온 것이다.

코로나로 인한 불확실성 때문에 단기적인 산업의 축소는 있겠지만 장기적으로는 IT 산업 전반에서 수요가 증가할 것이다. 비접촉, 비대면이 늘어나면서 이를 위한 인프라에 대한 요구도 함께 증가하고 있기 때문이다. 여기에 필요한 프로세서(중앙처리장치), 램RAM, 스토리지(데이터 저장공간) 등의 수요도 늘어날 수밖에 없다.

반도체를 필요로 하는 IT 사업의 부흥은 국내 반도체 관련 종목들의 미래를 밝게 한다. 한국IDC에 따르면 2020년 1분기 국내 PC 출하량은 데스크톱 58만 대, 노트북 86만 대로 2019년 1분기 대비 1.5% 증가한 총 144만 대로 집계됐다. 온라인교육, 재택근무 등이 관련 수요를 이끈 것으로 분석된다.

2020년 1분기 기업 시장은 작년 1분기보다 3.6% 성장했으며, 코로나 사태 때문에 촉발된 재택근무 확산으로 노트북의 비중이 작년 대비 8.8%포인트 급증한 45.3%를 기록했다. 사실 소비자 시장에선 고전이 예상됐다. 가계수입 감소, 오프라인 채널의 매출부진 등이 겹쳐 큰 폭의 컴퓨터 수요 감소가 예고됐다. 그러나 막상 뚜껑을 열어보니 2019년 대비 노트북 감소율은 6.1%로 한 자릿수에 그쳤다. 온라인 개학으로 학교 대신 집에서 공부하고 숙제를 해야 하는 상황에 따라 노트북 판매가 급증한 것이다. 실제 부모들은 자녀들에게 노트북을 사주기 위해 지갑 열기를 주저하지 않았다.

의외의 PC 시장 성장, 반도체 수요로 이어져

PC 시장의 성장으로 이를 뒷받침하는 반도체 시장도 함께 성장했다. 대만의 디지타임즈 리서치는 우리나라 메모리반도체 산업의 생산가치가 가정용 수요 증가에 힘입어 1분기에 약 1% 성장했다고 밝혔다. 이 리서치에 따르면 코로나의 대유행으로 원격 학습에 필요한 노트북 수요 증가가 스마트폰 시장의 부진을 덮고도 남았다는 것이다.

삼성전자와 SK하이닉스는 2020년 1분기 메모리 반도체 사업에서 전분기 대비 1.1%, 전년동기 대비 10% 증가한 총 20조 1,000억 원의 매출을 올렸다. 디지타임즈 리서치는 2020년 2분기 역시 양사의 메모리 반도체 실적이 상승세를 유지할 것으로 봤다.

한국무역협회 국제무역통상연구원도 〈신성장품목 수출동향과 시사점〉 보고서에서 8대 신산업의 올해 1/4분기 수출액은 210억 달러로 전년동기 대비 17% 성장했다고 밝혔다. 같은 기간 전체 수출은 1.4% 감소했다.

차세대 반도체와 전기자동차 등이 각각 22.9%와 25.1% 증가했다. 8대 신산업에는 전기자동차, 로봇, 바이오헬스, 항공·드론, 에너지 신산업, 첨단 신소재, 차세대 디스플레이, 차세대 반도체 등이 포함된다. 포스트 코로나 시대에도 삼성전자, SK하이닉스로 대표되는 반도체주는 여전히 가장 먼저 고려돼야 할 주식인 셈이다.

이들은 이른바 '동학개미운동'의 주인공들이기도 하다. 동학개미운동은 2020년 코로나 확산 사태가 장기화되면서 주식 시장에서 등장한 신조어다. 국내 개인투자자들이 기관과 외국인에 맞서 국내 주식을 대거 사들인 상황을 1894년 반외세 운동인 '동학농민운동'에 빗댄 표현이다. 코로나19 확산이 절정에 달했던 2~3월 외국인들이 한국 주식을 매도할 때 이를 힘겹게 받아내는 개인 투자자들의 모습이 마치 외세에 항거하는 모습과 비슷했다는 것이다.

실제로 2020년 3월 1일부터 3월 20일까지 외국인들은 10조 원 어치의 한국 주식을 매도한 반면 국내 개인투자자(개미)들은 9조 원 가까이 사들였다.

코스피 지수는 2020년 3월 6일부터 하락하기 시작해 같은 달 9일 2000선이 무너지기도 했다. 이후 3월 19일 연저점인 1457.64포인트를 기록하며 투자자들은 절망에 빠졌다. 그러나 이후 코로나 확산세가 잠잠해지고 해외 언론으로 부터 '한국이 코로나에 가장 잘 대응하고 있다'는 칭찬이 쏟아지면서 국내 증시도 점차 살아났다. 마침내 코스피 지수는 5월 26일 종가 기준으로 2000선을 다시 넘는다. 코스피가 2000포인트를 넘어선 것은 2020년 3월 6일 이후 처음으로 두 달여 만이다. 시가총액 1, 2위를 차지하고 있는 반도체 주를 대거 사들인 개미들의 힘이 뒷받침됐다는 평가다.

한국거래소에 따르면 개인 투자자들은 2020년 들어 5월 20일까지 코스피와 코스닥에서 각각 27조 935억 원, 5조 2,368억 원어치를 순매수했다. 특히 코스피와 코스닥 지수가 최저점을 찍은 3월 19일부터 5월 20일까지 개인은 코스피에서 9조 3,275억 원, 코스닥에서 2조 2,504억 원을 사들였다. 같은 기간 외인, 기관이 매도세를 보인 것과 다른 양상이다.

개인이 코스피 시장에서 가장 많이 사들인 종목은 삼성전자(8조 9,898억 원)였다. 이어 삼성전자우(1조 9,136억 원), SK하이닉스(1조 4,906억 원) 등으로 반도체가 주를 이뤘다. 이처럼 개미로 불리는 개인투자자가 반도체를 택한 것은 위기 때 버티는 힘이 강하기 때문이다.

삼성전자는 코로나 와중에도 실적 선방을 이뤄냈다. 2020년 1분기 영업이익(6조 4,473억 원)이 2019년 1분기보다 3.43% 증가했다. 매출액의 경우 55조 3,252억 원을 기록해 5.61% 늘었다. 3월부터 코로나가 실물경제를 강타했으나 다른 대기업과 달리 선방을 거뒀다는 평가다. 반도체 사업이 4조 원에 달하는 영업이익을 책임지면서 전체 실적의 절반 이상을 차지했다.

반도체는 메모리와 비메모리(시스템)로 나뉜다. 메모리 반도체는 정보를 읽고 수정할 수 있는 램RAM과 정보를 읽을 수만 있는 롬ROM이 있다. 램은 정보 저장 방식에 따라 D램과 S램으로 나뉜다. 롬의 일종인 플래시 메모리의 경우 칩 내부의 전자회로 형태에 따라 낸드플래시와 노어플래시로 나뉘는데 삼성전자와 SK하이닉스가 글로벌 반도체 시장에서 사실상 독점하고 있는 제품은 D램과 낸드플래시다.

이중 낸드플래시는 전원이 꺼져도 정보를 저장할 수 있는 속성이 있다. D램은 데이터를 빨리 쓰고 지우는 역할을 하며 사양이 높은

D램일수록 처리 속도가 빠르다. 미국 애플이 아이폰을 히트시키면서 아이폰이 잘 팔릴수록 삼성전자도 쾌재를 불렀다. 스마트폰 덕분에 삼성전자가 돈을 많이 번 것이다.

스마트폰 시장이 주춤한 상황에서는 서버 D램이 실적을 메워준다. 삼성전자는 일부 업종 수요가 감소해도 다른 업종에서 메울 수 있어 사업 포트폴리오가 안정적인 편이다.

코로나로 인해 넷플릭스가 완벽하게 떴다. 넷플릭스는 OTT_{Over The Top}(온라인 동영상 서비스)를 통해 고용량 콘텐츠를 제공하는 업체 중 하나다. 이에 따라 데이터 트래픽이 급증했고 구글, 마이크로소프트(MS), 애플, 페이스북, 아마존 등 글로벌 IT기업들이 세계 각국에 신규 데이터센터를 짓는 데 열을 올리기 시작했다. 자연히 서버 D램 수요도 증가했다.

서버 D램 덕분에 전체 반도체 실적도 선방했다. 관세청이 발표한 2020년 4월 1~10일 수출입 동향을 보면, 이 기간 수출액은 122억 달러로 2019년 같은 기간보다 18.6%(28억 달러)나 줄었다. 석유제품(-47.7%), 무선통신기기(-23.1%), 자동차부품(-31.8%), 승용차(-7.1%) 등 대부분 수출 품목이 마이너스를 기록했다. 반도체 역시 마이너스긴 했지만 -1.5%를 기록했다. 모바일 D램 수요가 급감한 점을 고려하면 선방한 셈이다.

잘해온 삼성전자, 앞으로도?

삼성전자는 앞으로도 안전한 투자처일까. 동학개미운동에 나선 개인투자자들은 결국 웃을 수 있을까. 장기 투자 관점에선 긍정적이란 평가가 많다. 일단 해외에서도 삼성전자는 가장 안전한 주식으로 불린다. 깐깐한 신용평가기관의 코멘트가 대변한다.

국제 신용평가사 스탠더드앤드푸어스s&p는 2020년 4월 8일 공개한 〈코로나19 환경 하에서 한국 기업 및 금융기관 신용도 추이 및 전망〉 보고서를 통해 "(삼성전자는) 80조 원 이상의 순현금 포지션을 감안할 때 등급 하향 압력이 높지 않다. 메모리 반도체 기업의 선도적 시장 지위와 다각화된 사업 포트폴리오로 코로나 여파를 잘 극복해 나갈 것"이라고 평가한 바 있다.

물론 단기 부진에 빠질 가능성은 있다. 삼성전자는 반도체(DS부문)를 제외한 모바일(IM부문), 가전(CE부문), 디스플레이(DS부문) 등 주요 사업의 역성장이 우려되고 있다. 2020년 하반기는 경기 회복 쪽으로 무게가 실리지만 아직 코로나의 불확실성에서 완전히 벗어나지 못했다는 평가가 나오고 있다.

이 같은 우려 속에서도 삼성전자의 실적과 신용도가 흔들리지 않는 것은 앞서 S&P가 평가한 대로 막대한 순현금 덕분이다. '삼성은행'이라 불릴 정도로 현금 유동성이 풍부해 우수한 재무구조를 갖추고 있다. 삼성전자의 순현금 규모는 2020년 1분기 말 기준 97조 5,300억 원 수준을 기록해 100조 원 시대를 열 기세다. 2019년 말

(93조 7,400억 원)과 비교하면 한 분기 만에 4조 원가량의 현금을 추가했다.

삼성전자의 영업 마진은 이미 2019년(영업이익률 12.1%)부터 완만한 하락세를 보이고 있다. 2017~2018년 정점(20% 이상)에 못 미친다. 수익성 지표만 따로 보면 현재 글로벌 등급의 위상에 걸맞지 않는다는 평가지만, 막대한 순현금은 부채상환능력에 대한 의구심을 잠재운다.

삼성전자가 글로벌 톱 수준으로 키운 반도체, 모바일 등 핵심 영역은 갈수록 경쟁이 치열해지는 시장이다. 눈만 뜨면 세계 곳곳에서 신기술 개발 소식이 들린다. 특히 중국이 막대한 자금력으로 삼성전자를 맹추격하고 있다. 스마트폰 등 모바일과 디스플레이 사업에선 중국 경쟁사가 턱밑까지 따라왔다. 반도체의 경우 중국 정부가 발 벗고 나서면서 기술력과 생산성 개발 전략에서 삼성전자나 SK하이닉스가 한 발만 헛디뎌도 시장 점유율을 반납할 수밖에 없다.

삼성전자는 기술 격차를 진입 장벽 삼아 시장을 선도해 왔다. 대규모 자금을 투자해 혁신 기술과 제품을 꾸준히 내놓으며 인지도를 쌓았다. 삼성전자의 4대 사업 부문에 쓰이는 연구개발 비용과 반도체, 디스플레이 특유의 시설투자CAPEX를 감안하면 한 해 벌어들인 돈을 거의 고스란히 투자해왔다. 글로벌 신용평가사는 삼성전자의 핵심 비즈니스를 자본 소모가 매우 높은 사업으로 분류하고 있다.

이 같은 구조적 여건 속에서 삼성전자의 잉여현금흐름FCF이 줄곧

흑자를 기록한 건 눈길을 끈다. 지난 2018년엔 한 해 잉여현금흐름 규모가 26조 원에 달했고 2020년 1분기 역시 2조 2,900억 원 수준으로 집계됐다. 연간 에비타(EBITDA, 기업이 영업활동으로 벌어들이는 현금)는 사업 사이클에 따라 증가하기도 하고 감소하기도 하지만, 투자 지출을 그 폭에 맞춰 절묘하게 통제해 잉여현금흐름이 꾸준히 플러스를 기록한 것이다. 이처럼 신중을 기한 재무 정책과 함께 매년 기술 개발을 해온 것이 삼성전자가 막대한 순현금을 쌓은 비결이다.

S&P는 코로나 여파에도 삼성전자의 재무 지표가 견조하게 유지될 것이라고 예상했다. 단기적인 실적 악화가 90조 원 이상의 순현금이 지닌 신용도를 훼손하기 어렵다는 진단에서다. 여기에 2020년 시설투자 역시 모두 보유한 현금 창고에서 쓸 것으로 보인다. 외부 차입이 필요 없으니 재무적으로 굳건할 수밖에 없다.

2020년 1분기 실적에서도 드러났듯이 대한민국 하면 삼성전자이며, 삼성전자는 바로 반도체다. 삼성전자는 '반도체 비전 2030'을 발표했다. 메모리 반도체에서 글로벌 선두에 오른 데 이어 2030년까지 133조 원을 써 비메모리 반도체(파운드리 · 시스템반도체) 세계 1위를 달성한다는 목표다.

비메모리 반도체 매출액은 2020년 1분기 4조 5,000억 원을 기록해 전년(3조 원)보다 50% 증가했다. 반도체 전체 매출에서 차지하는 비중이 처음으로 25%를 넘어섰다. 2020년 5월에는 두 번째 극자외선EUV 파운드리 라인을 평택에 구축한다는 계획을 발표했다. 반도체 비전 2030의 후속 조치다. 2020년 7나노 이하 생산 규모를 3배 이상 확대해 글로벌 1위인 대만 TSMC를 추격할 방침이다.

증권업계에선 향후 비메모리 반도체에 연간 10조 원 안팎의 투자가 집행될 것으로 보고 있다. 현재 7나노 이하 초미세 공정 기술을 보유한 곳은 삼성전자와 TSMC뿐인 만큼 투자 이상의 이익을 낼 가능성이 높다. 다만 당분간 파운드리 영역에선 영업을 통해 번 돈 안에서 자본 투자를 하기 쉽지 않다.

그동안의 보수적 재무 정책을 포기하고 보유 현금을 깎아먹으면서 공격적 투자를 해야 한다는 뜻이다. 이에 따라 기존 D램 등 메모리 사업의 투자를 보수적으로 집행할 것이라는 전망에 무게가 실린다. 중국 등 경쟁자가 추격 증설에 나서도 당장 글로벌 1위인 삼성전자의 D램 반도체 시장 지위가 흔들릴 가능성은 낮다는 판단에서다. 비메모리 사업이 본격적 현금 창출에 나서기 전까지 메모리 분야는 캐시카우(현금창출원) 역할을 감당해야 한다.

이 같은 복잡한 상황 속에서 국내 증시 시총 1, 2위인 삼성전자와 SK하이닉스 주가는 코스피 회복 때 그리 큰 재미를 보지 못했다. 이는 글로벌 반도체 파운드리 시장점유율 1위인 대만 TSMC와 미국 메모리반도체 3위 기업 마이크론의 흐름과도 비슷했다는 평가다.

2020년 3월 19일 코스피가 1400대 저점을 기록한 뒤 5월 22일까지 두 달 반 동안 삼성전자와 SK하이닉스 수익률은 각각 14%, 18%에 그쳤다. 같은 기간 미국 필라델피아 반도체지수가 34%, 세계 PC·서버용 CPU 1위 업체인 인텔이 36%, 반도체 미세공정용 극자외선EUV 장비를 독점 공급하는 ASML홀딩스가 49%, 반도체 증착장비 1위인 어플라이드 머티어리얼스가 35% 수익률을 달성한 것에 비하면 부진한 모습이다.

그럼에도 증권가에서는 최저 수준으로 내려온 D램과 낸드플래시 반도체 가격이 추가로 급락할 가능성은 작다고 보고 있다. 또 미국 정부가 중국 화웨이에 대한 제재를 강화하면서 일각에선 화웨이 파운드리 핵심 공급사인 TSMC와 관계가 벌어지면 그 틈새를 삼성전자가 일부 파고들 수 있다는 기대도 나온다. 김경민 하나금융투자 수석연구위원은 "2019년처럼 미국 정부가 화웨이 제재 조치를 시작한 뒤 반도체 대형주 안에서 삼성전자에 대한 선호도가 증가하는 흐름이 이번에도 반복될 가능성이 크다"고 전했다.

2021년까지 내다본 장기적인 관점에서 반도체 업황이 상승 사이클로 재진입할 것이란 기대도 증권가에서 반도체 대형주를 주목하는 이유다.

2019년부터 구글, 아마존 등 데이터센터 고객사들이 서버 증설 투자를 줄이면서 수익성이 악화된 반도체 제조사가, 시설투자금액을 코로나를 계기로 대폭 줄였기에 2021년 하반기부터 D램 공급 부족이 현실화할 수 있다는 분석이다. 문지혜 신영증권 연구원은 "메모리 부문이 견조한 판매가격 흐름을 보이고 있어 삼성전자 실적 하락은 소폭에 그칠 듯하다. SK하이닉스도 D램을 중심으로 2021년 하반기부터 제품 판매가 상승에 따른 이익이 극대화될 전망"이라고 덧붙였다. 신영증권은 향후 1년 동안(2021년 중순까지) 삼성전자 목표주가로 6만 원, SK하이닉스 목표주가로 11만 원을 제시했다.

송명섭 하이투자증권 연구원은 "코로나19와 비슷한 사스SARS의 경험을 보면 질병의 영향에서 벗어날 때 반도체업황이 급격한 회복세를 보였다. 코로나가 안정되면 상승추세가 이어지는 한 해가 될 것"이라고 내다봤다.

바이오 롤러코스터
안전띠 확인하라

2020년 동학개미운동을 통해 개인투자자들은 삼성전자와 SK하이닉스 등 반도체주에 집중 투자했다. 그러나 초기 수익률은 좋지 못했다. 이미 세계적 위치를 곤고히 하고 있는 삼성전자 대신 향후 기대감이 높은 바이오주인 삼성바이오로직스에 투자했다면 어땠을까.

삼성바이오로직스는 2020년 연중 최저점 대비 60.7%나 급등했다. 국내 어떤 자산에 대한 투자 수익률보다 높은 수준이다. 이 같은 주가 강세는 기존 바이오복제약 사업은 물론 코로나로 인한 신규수요 확대와 이를 발판으로 한 성장 가능성, 브랜드 평판 등 복합적인 요인이 작용했다.

삼성바이오로직스는 2020년 4월 9일 미국 비어바이오테크놀로지와 약 4,400억 원 규모의 코로나19 중화항체 제품에 대한 위탁생산 확정의향서를 체결했다. 2021년 하반기부터 본격적으로 실적에 반영될 것으로 전망되는 만큼 향후 성장성에 대한 기대감이 커지고 있다. 강하영 KTB투자증권 연구원은 "공장의 가동률 상승에 따라 실적 방향성이 긍정적이다. 코로나 치료제 및 기존 유럽과 미국 공장의 생산설비 다변화 수요 확대가 기대돼 수주활동이 차질 없이 진행되고 있다"고 설명했다.

여의도 증권가에서 오랜 인연을 쌓아온 증권사 리서치센터장은 최근 당연하다는 듯이 바이오주 매수에 대해 설명했다. 그는 "외국인이 삼성바이오로직스를 산 것은 '삼성'이라는 네임 밸류와 함께, 상장 폐지 가능성이 거의 사라졌고, 그동안의 꾸준한 투자 성과와 실적이 밑바탕이 된 것"이라고 말했다.

바이오주 가치, 어떻게 측정해야 하나

외국인은 셀트리온 주식도 많이 사서 큰 수익을 거두고 있다. '외국인 따라잡기'가 이번 코로나 사태에도 통했다는 반증이다. 서정진 회장의 '3대 왕국'인 셀트리온, 셀트리온헬스케어, 셀트리온제약 모두 주가가 크게 상승했다. 셀트리온이 코로나19 항체 후보군 38개를 확보했다고 발표한 영향이 컸다. 2020년 6월에는 선정된 최종 항체 후보군을 대상으로 세포주 개발에 들어가 동물시험 첫 단계를 성공시켰다.

셀트리온은 "항체 치료제 개발은 상업적 가치보다 공익적 가치를 우선시한 것이다. 관련 기대 성과에 기반한 투자보다는 셀트리온 그룹의 본질적인 실적과 기존 제품의 내재가치를 참고해 투자를 결정해달라"고 당부했다. 그러나 '코로나와 연결돼 뭔가가 이뤄지고 있다'는 뉴스 자체가 주가 호재다. 외국인이 이를 그냥 지나쳤을 리 만무하다.

물론 실적 없이 호재만으로 주가가 뜰 순 없다. 포스트 코로나 재테크를 준비하는 이들이 반드시 체크해야 하는 것이 실적이다. 셀트리온의 2020년 영업이익은 전년 대비 66% 증가한 6,278억 원, 셀트리온헬스케어는 189% 늘어난 2,391억 원이 될 것으로 증권가는 전망하고 있다. 이달미 SK증권 연구원은 셀트리온헬스케어에 대해 "생명과 직결된 제품을 생산하는 만큼 2020년 1분기에도 코로나로 인한 악영향이 제한적이었다. 실적뿐 아니라 코로나 치료제 생산 기회까지 생겨 2020년 이후에도 추가적인 주가 상승이 기대된다"고 평가했다.

물론 회계장부에서 실적만 챙겨선 안 된다. 재고도 반드시 지켜봐야 하는 목록이다. 셀트리온헬스케어의 재고자산이 많은 것은 약점이라는 지적도 나온다. 셀트리온이 개발한 제품을 셀트리온헬스케어가 구매해 해외에 재판매하는 사업구조 때문에 2019년 말 셀트리온헬스케어의 재고자산은 총 1조 6,236억 원에 달했다. 재고자산이 늘어난다는 것은 상품이 팔리지 않고 남는다는 뜻이다. 결국 실적도 하락하고 주가도 떨어지기 마련이다.

바이오 종목의 경우 오너의 의지나 도덕성, 뚝심까지도 살펴봐야 한다. 바이오주는 그들이 제시하는 장밋빛 청사진만으로도 주가가 폭등한다. 다른 제조업체처럼 이들의 회계장부를 통해 사업을 꿰뚫어보기도 어렵다. 미래 가치를 반영하는 경우가 많기 때문에 오너의 말 한 마디가 더 중요한 경우도 있다.

셀트리온을 예로 들어보자. 서정진 셀트리온그룹 회장은 바이오와는 다른 길을 걸어왔다. 그는 건국대학교 산업공학과를 졸업한 뒤 같은 학교 대학원에서 경영학 석사학위를 받았다. 삼성전기에 입사해 직장생활을 시작했고, 한국생산성본부로 자리를 옮겨 대우자동차를 컨설팅하다 김우중 전 회장의 눈에 들어 대우자동차 기획 재무 고문으로 일했다. 대우 사태 때 직장을 잃고 대우차 출신 동료 10여 명과 함께 '넥솔'을 창업했다. 넥솔은 셀트리온의 전신이다.

우여곡절 끝에 20년 동안 바이오시밀러(바이오의약품의 복제약)에 올인해 이 분야에서 이름을 알렸다. 화장품이나 영화사업에도 손댔지만 큰 재미는 보지 못하고 있다. 외국인은 그의 학력이나 경력보다는 20년 한 우물에 주목했다. 현재의 실적보다도 앞으로 코로나 등의 위기를 통해 더 뛰어난 실적을 거둘 것이란 기대감이 깔려 있다. 우리도 외국인처럼 생각하는 '단순한 사고'가 필요한 시점이다.

투자자가 바이오주로 성공하려면 높은 리스크를 견딜 수 있는 배짱과 함께 대주주 지분과 재무구조까지 살펴야 한다는 사실을 잊어선 안 된다. 삼성바이오로직스도 한때 적자기업이었다. 대부분 중소형 바이오주는 여전히 적자의 늪에 허덕이지만 미래 가치를 믿고 투자하는 분야다. 실제 바이오주 투자자들은 "롤러코스터를 탄 기분"이라며 심경을 토로한다.

2019년 4~6월 바이오주는 국내 주식 시장에서 줄곧 약세를 보였다. 2019년 6월 에이치엘비 임상 관련 데이터가 오염됐다는 임상 '쇼크'에 이어 7월 한미약품 신약 개발 제동, 신라젠 항암제 무용성 평가 실패 등이 잇따라 나오며 같은 해 하반기까지 투자 심리 부진이 이어졌다.

그러다 한때 '꺼진 불'로 치부되던 에이치엘비의 신약 물질이 유의미한 수치를 기록했다는 소식이 나오면서 주가가 급등하기도 했다. 예전엔 한 몸처럼 움직이던 바이오주 등락 공식도 깨졌다. 이제 개별 주가의 호재를 따져봐야 한다. 코로나 사태로 이는 더욱 심화됐다. 코로나와 관련 없는 바이오주는 약세를 보이고 있기 때문이다. 한병화 유진투자증권 연구원은 "바이오 업종 차별화가 일어나고 있다. 과거에는 한 두 종목 호재가 있으면 다 같이 움직였는데 이제는 그렇지 않다. 이 종목의 성공이 저 종목의 성공을 담보하지 못하고, 바이오산업 전체가 세분화되면서 향후에도 이 같은 현상은 지속될 것"이라고 밝혔다.

바이오업체 상당수가 적자기업이지만

통상 해당 업종의 향후 주가 전망을 할 때 기준이 되는 데이터는

최근 실적과 향후 실적 전망이다. 그러나 국내 바이오주의 상당수
가 적자 기업이다. 향후 신약 개발이 성공하면 기업가치는 급등하
겠지만 현재 실적 기준으로는 리스크가 큰 '도박'에 가깝다.

항암 신약 '리보세라닙'의 성공에 모든 투자를 집중하고 있는 에
이치엘비의 시총은 4조 원이 넘는다. 그러나 이 바이오 업체는 2018
년에 293억 원, 2019년에 487억 원의 적자를 기록 중이다. 다른 바
이오업체 헬릭스미스는 2017년 69억 원의 적자에서 2018년에 212
억 원의 적자로 1년 새 3배 이상 증가했다.

이들은 오로지 신약 개발 여부에 따라 향후 실적과 주가가 움직
이는 구조라는 것이다. 문제는 증권가 전문가들이나 투자자들 모두
이들 업체의 임상 관련 발표만 갖고 투자 여부를 결정해야 한다는
것이다. 일각에선 신약 개발 업체의 경우 최근 수 년 동안 적자를
기록하고 있어 회사 사정에 정통한 대주주나 특수관계인의 지분 보
유 변동 현황과 재무지표에 주목해야 한다는 의견도 있다.

2019년 바이오업체 A사의 최대주주들은 미국 임상에서 부정적
결과가 나오기 직전에 자기가 갖고 있던 주식을 대거 내다팔았다.
증권가에선 임상 결과가 나쁠 것을 미리 알고 차익 실현했다는 의
견이 나오기도 했다. B사 대표는 2017년 말부터 2019년 초까지 총
156만 2,844주를 1주당 평균 8만 4,815원에 매각해 구설수에 오르
기도 했다. 반면 C사의 최대주주는 수년간 주식 보유 물량 변동이
없다. 회사 관계자는 "2008년 회사 인수 이후 단 한 주의 주식도 매
도한 적이 없다"고 말했다.

바이오업체의 재무지표가 중요한 이유는 특정 업체가 신약 물질에 대해 임상 3상까지 끌고 가려면 수천억 원의 자금이 필요하기 때문이다. 적자가 지속돼 자기자본이나 보유 현금을 까먹는 상황이라면 신약 개발 이전에 회사가 먼저 무너질 수 있다는 것이다. 부채비율이 100%를 훨씬 뛰어넘는 바이오업체도 피하는 게 좋다. 자본보다 부채가 더 많아 재무재표상 우량한 지표는 아니다.

이처럼 여러 기준으로 고르고 고르다보면 셀트리온으로 대표되는 바이오시밀러 업체와 녹십자 등 전통적인 제약업체가 투자 유망 기업으로 좁혀진다. 2019년 말 기준 시가총액 1조 원 이상, 영업이익 개선이라는 두 가지 조건을 모두 충족시키는 바이오주로는 셀트리온, 셀트리온헬스케어, 휴젤, 녹십자, 대웅제약, 한올바이오파마 등 6곳이 떠올랐다. 업계 관계자는 "이들은 신약 개발 업체보다 예상 수익률이 낮을 수 있지만 주가가 급락하는 등 투자 리스크는 상대적으로 낮은 편"이라고 전했다.

코로나 호재 어디까지 먹힐까

대체로 제약·바이오주의 주가 등락은 매우 크다. 운이 좋으면 2, 3배의 수익률이 곧바로 나오지만, 섣불리 투자하다 반 토막 나는 일도 비일비재하다. 특히 코로나로 인해 관련주는 주가가 급등하고, 그렇지 않은 종목은 가차 없이 주가가 하락하는 현상이 나타나고 있다.

실제 국내 다수 제약바이오 기업들이 코로나19 진단키트에서 더 나아가 치료제 및 백신 개발에 착수한 소식을 전하면서 2020년 주식 시장의 대세로 떠오르고 있다. 특히 코로나19 진단키트 개발기업들은 대표적인 수혜주로 꼽히면서 몸값이 치솟았다. 미국과 유럽에서 코로나 확진자 급증에 따라 진단키트 수요가 폭증하면서 물량을 소화하지 못할 지경에 이르기도 했다. 일부에선 "오랜만에 바이오주가 실제로 실적을 보여주고 있다"는 소리가 나온다. 그만큼 과거엔 아무런 매출 없이 소문만으로 주가가 뜨는 제약·바이오주가 많았다는 뜻이다.

씨젠은 2020년 코로나로 인해 크게 뜬 종목이다. 씨젠은 코로나19 진단키트를 초기 개발해 국내 보건당국 긴급 사용승인을 받았고, 현재 다수 국가에 수출하고 있다. 최근엔 미국에서도 러브콜을 받으면서 주가가 급등했다. 씨젠의 시가총액은 2019년 말 8,000억 원에서 2020년 3월 말 2조 원을 넘기며 한때 코스닥 시총 3위 자리를 꿰찼다.

씨젠의 진단키트 개당 판매가격은 1만 원이며, 2020년 3월 일평균 생산량은 약 6만 키트였다. 월 매출만 180억 원에 달하면서 확실한 지표를 투자자들에게 확인시켜줬다. 전 세계적으로 코로나가 확산일로에 있는 만큼 당분간 이런 기조가 이어질 전망이라는 분석이 뒤따르고 있다.

다만 진단키트 경쟁이 갈수록 치열해지고 있어 변수로 작용할 수 있다. 국내외 다수 제약바이오 기업들이 진단키트 개발에 나서면서 정확도는 높고 검사 시간은 단축할 수 있는 진단키트가 속속 선보이고 있다. 씨젠을 비롯해 초기 개발기업들의 입지가 갈수록 줄어들 수밖에 없다는 전망도 있다.

코로나 백신과 치료제 개발을 내세운 제약바이오주들도 많다. 국내에서 코로나 치료제 개발 계획을 밝힌 제약바이오기업은 셀트리온을 비롯해 부광약품과 일양약품, 이뮨메드, 셀리버리, 노바셀테크놀로지, 코미팜, 젬벡스, 엔지켐생명과학, 테라젠이텍스 등 10곳이 넘는다. 하지만 대부분 임상허가가 이뤄지지 않아 정부의 공식 발표를 잘 살펴야 한다.

백신 역시 SK바이오사이언스와 GC녹십자, 스마젠, 지플러스생명과학 등이 개발에 나섰지만 이제 막 후보물질을 확보한 수준이다. 그런데도 이들 기업의 주가가 치솟으면서 2020년 최고의 히트주로 자리 잡고 있다.

신약 연구개발 과정을 살펴보면 임상 1상부터 3상까지 평균 6~8년이 걸린다. 코로나의 경우 긴급 사안이기에 우리 정부도 임상시험 신속심사 등 지원에 나서고 있어 개발기간은 훨씬 줄어들 수 있지만 여전히 오래 걸리긴 마찬가지다.

문제는 성공 가능성이다. 2020년 6월 현재 코로나 치료 관련 임상시험 신청 건수는 11건이다. 이중 길리어드사이언스의 에볼라 치료제 '렘데시비르' 3건, 애브비의 에이즈 치료제 '칼레트라'와 에리슨제약의 말라리아 치료제 '옥시크로린' 병용 1건, 한림제약의 말라리아 치료제 '할록신' 1건 등 총 5건만 2020년 3월 말까지 승인을 받았다. 국내에서 4건의 임상 승인을 받은 렘데시비르와 칼레트라는 세계보건기구who가 꼽은 가장 유력한 코로나 치료제 후보약물이었다. 그러나 최근 미국, 영국, 중국 등에서 진행한 임상에서 칼레트라는 유의미한 치료 효과가 나타나지 않았다는 보고도 있었다.

과거 사례를 봐도 2015년 메르스 사태 당시 다수 제약기업들이 백신과 치료제 개발에 나섰지만 단 한 곳도 결과물을 내놓지 못했다. 코로나와 같은 계열인 사스 역시 전 세계를 공포로 몰아넣으면서 글로벌 제약사들이 백신과 치료제 개발을 시도했지만 이 또한 성공 사례가 단 한 건도 없다.

코로나에 기댄 섣부른 투자는 과거 신라젠과 강스템바이오 등 임상 지연 사례처럼 큰 손실로 이어질 수 있다. 바이오주 투자는 '조심 또 조심'이다.

종목투자 두렵다면
ETF나 간접상품으로

앞서도 살펴봤듯 코로나 확산으로 제약바이오에 대한 관심이 늘면서 관련 종목들도 크게 웃었다. 하지만 이에 못지않게 웃은 종목도 있다. 바로 제약바이오 종목을 담은 헬스케어 상장지수펀드ETF, Exchange Traded Fund가 수익률 상위권을 싹쓸이하고 있는 것이다. 한국거래소에 따르면 코로나 사태 이후 본격적으로 주식이 반등하기 시작한 2020년 3월 19일 이후 약 석 달간 국내 상장 헬스케어 관련 종목을 담은 ETF 8개는 평균 60.6% 상승했다. 업종별 ETF 가운데 가장 높은 수준이다. 이 기간 가장 수익률이 높았던 것은 미래에셋자산운용의 TIGER의료기기 ETF다. 상승폭이 80%에 달했다. 국내 상장된 의료장비와 서비스업에 투자하는 상품이다. 최근 단기간에 주가가 수직상승한 진단키트 제조업체 씨젠을 22% 비중으로 편입하고 있다. 삼성자산운용의 KODEX바이오 ETF 또한 이 기간

75.2% 올랐다. 국내 상장된 헬스케어 ETF 가운데 두 번째로 높은 상승폭이다.

간접투자의 대명사 ETF

이처럼 ETF는 최근 직접적인 종목투자가 두려운 사람들에게 간접투자상품으로 인기를 끌고 있다. ETF는 거래소에 상장돼 주식처럼 거래할 수 있는 펀드다. 펀드 수익률은 코스피 등 특정 지수나 금·원유 같은 자산 가격에 연동되도록 설계됐다. 실시간 환금성이 보장되고 저렴한 비용으로 분산투자가 가능하다는 점에서 개인투자자에게 각광받는다. 예를 들어 KRX300지수를 추종하는 ETF 한 주를 구입하면 거래소 상장기업 300곳에 투자한 것과 유사한 효과를 거둘 수 있다.

ETF는 2018년부터 하루 평균 거래대금이 1조 원을 돌파했다. 코스피에서 ETF 거래가 차지하는 비중도 20%를 넘는다. ETF 투자를 위해서는 먼저 상품구조에 대한 이해가 필요하다. ETF에 투자할 때는 편입하고 있는 주식, 현금, 배당, 이자소득 등의 순자산가치NAV를 꼼꼼히 비교해야 한다. 순자산가치는 이론상 가치에 해당하는데, 일반 펀드로 치면 기준가격과 비슷하다. ETF의 자산구성내역을 보면 해당 ETF가 어떤 종목에 투자하고 있는지 확인할 수 있다. 이때 ETF 순자산가치가 시장에서 거래되는 가격보다 크면 해당 ETF는 저평가, 반대면 고평가라고 볼 수 있다. ETF의 자산구성내역과 순자산가치 등 상세 정보는 한국거래소 홈페이지나 자산운용사 홈페이지에서 언제든지 확인할 수 있다.

투자를 할 때 '추적오차'와 '괴리율'이 큰 ETF는 투자 대상에서 제외하는 게 합리적이다. 추적오차는 ETF 순자산가치가 기초자산 가격을 따라가지 못하는 정도를 의미한다. 자산운용사가 효율성을 위해 기초자산을 그대로 ETF에 담지 않았거나 각종 비용, 배당금, 이자 등이 발생하면 추적오차가 커지는데 이는 투자 수익과 직결된다. 괴리율은 ETF가 거래되는 시장가격과 순자산가치 차이를 의미한다. 괴리율이 클수록 ETF가 적정한 가치에 거래되고 있지 않다는 것으로 해석할 수 있다. ETF 괴리율이 비정상적으로 크고 오래 지속된다면 거래를 피하는 게 낫다.

장기투자를 생각한다면 레버리지 ETF와 인버스 ETF는 금물이다. 기초지수 가격 하루 변동률의 2배까지 연동되는 레버리지 ETF로 예를 들어보자. 1000포인트에서 출발한 기초지수가 다음 날 25포인트(2.5%) 하락하고 그다음 날 25포인트(2.56%) 상승하면 기초지수 수익률에는 변동이 없다. 하지만 레버리지 ETF의 수익률은 마이너스를 기록하게 된다. 1000포인트에서 첫날 기초지수 하락률(2.5%)의 두 배인 5%가 떨어지면 950포인트다. 여기서 그다음 날 마찬가지로 2배 상승률을 반영해 5.12% 상승하면 998.6포인트에 그치고 만다. 0.14% 손해를 보게 되는 것이다. 기초지수가 내릴 경우 하락률만큼 오르도록 설계된 인버스 ETF의 경우도 수익률에 왜

곡이 발생하므로 주의해야 한다.

해외에 상장된 지수나 농산물·원자재 선물 등을 기초자산으로 하는 ETF는 환율 변동 리스크를 감안할 필요가 있다. 예를 들면 미국 S&P지수에 연동되는 ETF에 투자하는 경우 지수가 10% 오르더라도 1달러당 원화 환율이 10% 하락할 경우 원화 환산 수익은 오히려 손실을 볼 수도 있다. 물론 환위험을 헤지할 수 있는 ETF도 있다. 헤지를 통해 환위험을 상쇄한 ETF는 펀드명 말미에 '(H)'자를 추가로 표기하니 참고하면 좋다.

트렌드에 투자하는 ETF도 있다

최근에는 테마형 ETF가 ETF 시장의 다양성을 확산시키는 데 일조하고 있다. 테마형 ETF란 장기적 관점에서 향후 사회에 큰 영향력을 발휘할 수 있거나 개인적으로 추구하는 가치를 대표하는 트렌드에 투자하는 상품이다. 레버리지와 인버스, 인덱스를 통해 시장 지수가 오르고 내리는 것에만 베팅해야 하는 ETF 투자가 심심하다면 자신의 철학과 취향에 맞는 테마형 ETF 투자가 제격이다. 국내에서는 레버리지 및 인버스형 ETF가 전체 ETF를 차지해 테마형 ETF의 선택폭이 그리 크지 않지만 미국 시장으로 눈을 넓히면 거래량이 많은 ETF를 찾을 수 있다. 신영증권 조사에 따르면 미국 테마형 ETF는 139개(2020년 초 기준)가 상장되어 있고 운용자산AUM은

500억 달러(60조 원)에 달한다. 국내에서도 2020년 초 기준으로 약 40개가 상장되어 있고 2조 원 규모지만 아직은 갈 길이 멀다고 할 수 있다.

트렌드에 투자하는 대표적인 ETF는 클라우드 ETF나 4차 산업 ETF와 같은 테크 ETF다. 미국의 ETF 회사인 글로벌X가 내놓은 ETF 중에는 향후 유망 IT산업에 투자하는 ETF가 많다. 대표상품인 BOTZ ETFGlobal X Robotics & Artificial Intelligence ETF는 로봇 및 인공지능 활용에 따른 수혜 종목으로 구성된 지수를 추종한다. 2016년 설정 이후 30% 가까운 수익률을 내 연 환산 매년 평균 13% 넘는 수익률을 보이고 있다. FINX ETFGlobal X FinTech ETF는 전 세계적으로 혁신적인 서비스를 제공하는 글로벌 핀테크 기업을 담은 ETF다. 지난 2016년 설정된 이후 수익률은 86%이며, 최근 6개월 14.3% 등 우수한 수익률을 기록한 바 있다. CLOU ETFGlobal X Cloud Computing ETF는 클라우드 서버, 스토리지, 데이터베이스, 네트워킹, 소프트웨어 등 클라우드 컴퓨팅 관련 매출이 전체 매출의 절반이 넘는 회사에 주로 투자한다.

아마존, 구글, 마이크로소프트 등 퍼블릭 클라우드 매출 규모가 큰 회사도 투자대상이다. 부품 생산업체를 비롯해 데이터센터로 사용되는 건물의 리츠REITs까지 포함된다. 주요 구성 종목은 커넥티드 업체인 아나플랜이나 전자상거래지원업체 숍피파이 등이다. 운용자산AUM 역시 3억 6,237만 달러(약 4조 3,000억 원)이고 일평균 거래량도 700만 달러 수준으로 안정적이다. 특히 국내 해외 직구족들이

2020년 5월 다량으로 매수하면서 거래량을 키웠다. 예탁결제원에 따르면 2019년 국내투자자들의 글로벌X 클라우드 ETF 매수금액은 8,094만 달러로 전체 해외주식 중 1위를 차지했다. 그동안 해외 직구족의 사랑을 받아온 아마존(6,614만 달러)이나 마이크로소프트(6,167만 달러)보다 규모가 더 큰 것이다. 다만 매수에 비해 매도 규모는 적어 전체 거래량으로 보면 4위였다.

IT산업과 더불어 향후 성장을 주도해 나갈 산업으로 꼽히는 바이오 기업에 투자하는 ETF도 있다. LNGR ETF는 고령화라는 인구 구조 변화에 투자하는 ETF다. 전체 매출의 50% 이상이 고령층과 연관된 회사들을 편입해왔다. 주요 보유 종목은 보스턴사이언티픽, 암젠, 메이트로닉 등의 제약 및 바이오 기업들이다. 빠르게 성장하는 플랫폼 산업에 투자하는 ETF도 있다. 위즈덤트리 플랫폼 ETF로 나스닥에 상장되어 있으며 보유 종목으로는 아마존, 구글부터 부동산 플랫폼 회사인 질로우, 게임 플랫폼 제공자 소니, 음식 배달업체 그룹허브가 있다.

개인의 철학 반영하는 ETF도 있어

테마형 ETF로는 개인의 철학이나 신념에 따른 투자도 가능하다. 자신의 철학과 부합되는 기업이나 섹터로 구성된 ETF에 투자하면서 그 기업들의 주가를 올리고 기업의 성장을 도울 수 있는 셈이다.

대표적인 ETF는 SHE ETF다. 김남호 신영증권 연구원은 "글로벌 기업의 다양화 및 여성 임원들의 비중이 높아지면서 여성 평등을 주제로 한 ETF들도 출시됐다. 투자 전략에서 ESG, 다양성, 평등에 대한 인식과 도입이 확산되면서 향후 여성평등 테마 ETF는 더욱 규모가 커질 것으로 예상한다"고 말했다.

미국의 거대 자산운용사 스테이트 스트릿 글로벌 어드바이저의 SHE ETF는 시가 총액이 가장 높은 1,000개의 미국 상장 기업 중 최근 6개월간 월평균 거래량이 최소 25만 주 이상인 기업들을 대상으로 편입여부를 결정한다. 기업들은 이후 임원과 이사회의 여성 비율 등을 바탕으로 여성 평등 순위가 정해진다. 마지막으로 각 섹터에서 순위가 상위 10%인 기업들만 SHE에 편입되는데 만약에 CEO나 이사회 중 어느 하나의 포지션에 여성이 없을 경우에는 제외된다. 주된 보유종목은 존슨앤존슨, 홈디포, 마스터카드, 코카콜라, 웰스파고 등이다.

SHE ETF는 SSGA 성별 다양성 지수를 추종한다. 2016년 3월 SHE ETF가 상장된 이후부터 계산된 수익률은 S&P500 지수와 큰 차이를 보이지 않았으나 SHE ETF는 2010년 이후부터 약 220%의 수익률을 올리며 동기간 S&P500 W지수를 41%포인트 상회했다. 2020년 현재 운용자산AUM은 3억 달러에 가까운데 자산운용사 SSGA의 파워를 감안하더라도 이미 SHE ETF가 전략적으로 인정을 받고 있다는 신호라 할 수 있다. 테마형 ETF의 경우 운용 보수가 높은 편인데, SHE ETF는 총보수율도 0.2%에 불과하다는 장점이 있다. S&P500 지수와 비교하면 경기순환주 성격이 강한 IT 섹터 비중이 적고 헬스케어와 필수소비재 비중이 높아서 경기 방어적 성격이 강하다.

글로벌X가 내놓은 ETF 중에서는 가톨릭교의 신념을 바탕으로 하는 ETF도 있다. CATH ETF다. 가톨릭 신자로서 자산의 종교적 신념에 따라 투자하고 싶은 투자자들에게 적합한 ETF다. CATH는 미국 가톨릭주교회에서 명시한 가톨릭 신념을 바탕으로 S&P500 지수에 포함된 종목들을 스크리닝한다. 가톨릭 신념과 반대되는 기업들을 편입 대상에서 제외시킨다. 낙태, 성인관련 콘텐츠 제작, 화학적 및 생물학적 무기 제조, 피임 관련, 줄기 세포 실험 관련해 매출이 조금이라도 발생하면 투자 대상에서 제외된다. 기업 운영 및 제조에 미성년자를 채용할 경우도 투자 대상에서 뺀다.

다만 CATH ETF가 추종하는 S&P500 Catholic Values 지수는 S&P500 지수와 수익률과 방향성에서 거의 유사한 움직임을 보인다. S&P500 지수에서 구성 종목을 제외시키는 방법을 사용했기 때문이다. 그럼에도 불구하고 두 지수 간 종목 수는 확연한 차이가 나는데 헬스케어와 일부 산업재 섹터들이 제외되었기 때문이다. 헬스케어는 피임 및 줄기 세포와 연관된 기업이 지수에서 빠지고 보잉이나 록히드마틴 등 무기 제조업체들도 편입되지 못했기 때문이다. S&P500 종목 중 CATH ETF에 편입 제외된 사유를 보면 환경오염과 열악한 노동 환경, 피임 관련이 순위가 가장 높았다. 이러한 이유로 43개의 회사가 빠졌다. S&P500지수에서 1.5%의 비중을 차지하는 존슨앤존슨도 피임약을 제조한다는 이유로, 유나이티드 헬스 그룹도 피임서비스를 제공한다는 이유로 빠졌다. 펩시코와 하니웰 역시 환경오염을 이유로 편입 대상에서 제외됐다.

만약 미국의 대형주 지수에 투자하고 싶으면서도 자신의 종교 적 신념에 위배되는 기업들에 자신의 투자금이 들어가는 것을 피하 려는 투자자들이라면 CATH가 좋은 투자 대안이 될 수 있다. 운용 자산은 2억 5,000만 달러 정도이며 총보수율도 0.29%라 그리 높은 편은 아니다.

정치적 이념도 ETF 투자 대상

한국 투자자들에게는 관심 대상이 아니겠지만 미국 유권자들의 정치적 성향을 테마로 하는 ETF도 있다. MAGA ETF다. MAGA 는 2016년 미국 대통령 선거에서 트럼프 대통령이 들고 나온 'Make America Great Again'이라는 미국 우선주의를 상징하는 구호다. MAGA는 친공화당으로 분류되는 기업들의 정치적 수혜 가능성에 베팅하기 위해서 출시됐다.

MAGA의 S&P500 내 종목 편입 여부는 후원금을 기준으로 정 해진다. 2012년에서 2016년 사이 기업의 이름으로나 해당 기업 임 직원이 기부한 후원금이 누적 2억 5,000달러를 미달하는 경우는 제 외되며, 해당되는 기업은 공화당과 민주당 후원금 비율을 고려해 최종적으로 편입시킨다.

MAGA는 결과적으로 우리가 짐작하는 것과 같이 특정 섹터에 비중이 더 쏠린 투자가 되기 싶다. 전통적으로 공화당 집권 시 수혜를 받을 것이라고 예상되는 금융, 에너지, 산업재의 시가 총액 비중이 S&P500 지수보다 낮다.

반면 친민주당으로 알려진 IT 섹터의 비중은 매우 낮은 편이다. IT 섹터 중에서 MAGA ETF에 들어 있는 종목은 AT&T와 피델리티 내셔널 인포메이션뿐이다.

다만 공화당이 대권을 잡든 안 잡든 MAGA의 수익률에는 별로 영향을 못 주는 것으로 나타났다. 트럼프 대통령이 집권한 후 MAGA의 수익률은 S&P500 지수를 하회했기 때문이다. 이는 섹터의 영향이 크다. MAGA에서 편입 비중이 높았던 에너지 분야가 그동안 저유가 영향으로 주가 상승에 제약이 있었기 때문이다.

반면 S&P500 지수에서 수익률이 가장 높은 섹터는 IT섹터였는데 트럼프 대통령과 정치적 대립관계에 있음에도 불구하고 실적과 미래 성장에 대한 기대로 주가는 고공행진했다. 아이러니하게도 IT 섹터의 주도주를 일컫는 단어도 'MAGA'다. 마이크로소프트Microsoft, 아마존Amazon, 구글Google, 애플Apple의 앞 글자를 딴 말이다. 기술주에서 대장격인 'MAGA' 종목의 주가 상승세는 MAGA ETF보다 훨씬 가팔랐다.

배당매력 높아진 리츠도 주목

대표적인 안전자산으로 인식되는 상장리츠(REITs, 부동산투자신탁) 역시 코로나 사태로 인해 큰 폭의 하락세를 피하진 못했다. 실물경기 부진 우려가 부각되며 배당지속 여부에 대한 우려가 커졌기 때문이다. 그러나 코로나 사태로 폭락했던 증시가 회복되기 시작한 2020년 3월 중순 이후로 국내 상장리츠도 천천히 회복세를 보이고 있는 상황이다. 이 같은 회복에 대해 전문가들은 최근 주가 하락이 너무 과도했다는 지적이다. 리츠는 보유자산이 업황 악화 지속으로 인해 임차료 지급이 어려워 기대 배당금을 받을 수 없거나, 부실화 확대로 감정평가액보다 낮은 가격으로 매각을 해야 하는 상황이 아니고서는 큰 리스크가 없다는 것이 일반적인 분석이다.

코로나 사태 이후 주가 하락으로 인해 신규투자자 입장에서는 더 높은 배당을 향유할 수 있다는 점도 장점으로 꼽히고 있다. 장문준 KB증권 연구원은 "코로나 여파로 해당 점포의 영업이 정상적으로 이뤄지지 않더라도 리츠 입장에서는 계약서상의 임대료를 그대로 수취할 수 있어 배당금 예측 가능성이 높다. 상장리츠의 주가가 충분히 하락한 만큼 7~8%대 배당수익이 기대되는 리츠의 비중을 확대할 적기"라고 강조했다.

안전자산이 미쳤다

코로나 사태로 '안전자산'이 새로이 조명 받고 있다. 안전자산이란 위험이 없는 금융자산이다. 부도가 날 위험이 없고, 가격 변동성이 적은 자산을 의미한다. 달러, 금, 채권 등이 대표적인 안전자산으로 꼽힌다. 주식과 같은 위험자산과 대비되는 말이다.

코로나 사태 초기엔 투자자들이 너도나도 현금을 확보하려는 탓에 안전자산 지위마저 흔들렸다. 투자자들은 채권을 팔고, 금도 팔았다. 이후 주요 국가를 중심으로 코로나 확진자가 점차 줄어들면서 미국·유럽·일본 등 주요 국가는 경제활동을 다시 시작했다. 미국 연방준비제도Fed가 시장에 무제한으로 돈을 풀고 있어 투자자들이 위험자산에도 눈길을 돌리고 있다. 하지만 코로나로 인한 실물경제 악화는 여전히 남아 있는 불안 요인이다. 금과 채권 등 안전자산의 인기는 한동안 지속될 전망이다.

프라이빗뱅킹을 담당하는 국민은행 관계자는 "주가와 기업 실적 간 격차가 확대되면서 단기적으로 시장 변동성이 커질 수 있다. 최근 주가는 정책 기대를 반영해 빠르게 반등했지만 기업 실적 전망은 어두워 안전자산이 계속 주목 받을 것"이라고 내다봤다. 조한조 NH농협은행 WM사업부 펀드마케팅팀 차장은 "2020년은 코로나 사태로 인한 경기둔화 우려 등으로 안전자산 선호현상이 주기적으로 발생할 가능성이 크다. 치료제나 백신이 빠르게 개발되지 않는 이상 하반기에도 안전자산 선호 현상은 이어질 것"으로 내다봤다. 박형중 우리은행 자산관리전략부 부장은 "보건방역 전문가 집단을 중심으로 앞으로 2차, 3차 확진자가 생길 수 있다는 경고가 나오고, 경제가 코로나 사태 이전으로 복구되기 전까지 오랜 시간이 걸릴 가능성이 높다. 투자자들의 안전자산 선호가 단기간에 끝날 것 같지 않다"고 말했다.

금 가격 상승 이어질까

금은 대표적인 안전자산으로 꼽힌다. 금 가격은 코로나 사태 초기 주춤하다가 다시 급등하기도 했다. 한국거래소 KRX 금시장에 따르면 2020년 5월 18일 1kg짜리 금 현물의 1g당 가격이 7만 원을 찍으며 장중 최고가를 경신했다. 뱅크오브아메리카는 〈Fed는 금을 찍어내지 못 한다〉는 보고서를 통해 18개월 내 금값 전망을 온스당

2,000달러에서 3,000달러로 상향했다.

금값은 글로벌 중앙은행의 통화정책 기조에 따라 달라진다. 미국 연준이 금리를 내리고 시중에 유동성을 풀면 금값이 올라간다. 이런 상황에서 코로나 사태, 미중 갈등까지 겹치면서 안전자산으로서 금의 가치는 고공상승할 것이라는 게 전문가들 예상이다. 게다가 금은 은 등 다른 귀금속보다 유동성이 풍부하다. 투자자들이 원할 때 쉽게 사고팔 수 있는 셈이다.

조한조 차장은 "금은 실질 금리가 낮은 상황에서 꾸준히 투자할 만하다. 코로나 재확산 우려가 남아 있고 미중 갈등이 다시 점화되는 등 각종 불확실성 요인들로 금값이 올라갈 것"이라고 전망했다. 김은정 신한PWM분당센터 팀장은 "미국 연준의 유동성 완화 조치가 계속된다면 금 투자엔 우호적인 환경이다. 전통적인 예·적금뿐만 아니라 펀드, 주식 등으로도 수익을 내기 어려운 초저금리 시대에서 금 투자는 긍정적"이라고 말했다.

금 투자 방법은 여러 가지다. 실물 자산인 골드바를 매입하거나 한국거래소KRX 금시장을 이용할 수 있다. 골드뱅킹, 금과 연동된 ETF 및 ETN 등에 투자할 수도 있다.

골드바는 은행에서 구매할 수 있다. 매수·매도 시 매매기준율의 5%가량을 수수료로 물어야 한다. 골드바를 살 때 부가세도 10%를 내야 한다. 20%가량 금값이 뛰어야만 수익을 볼 수 있다. 매매차익은 비과세다. 금융소득종합과세 부담이 크고 분산 투자를 하고 싶은 자산가에게 추천하는 방법이다.

금은 장기투자에 적합하다. KRX 금시장에선 계좌 개설 후 주식처럼 금을 사고팔 수 있다. 모인 금이 100g을 넘으면 현물로 받을 수 있다. 현물로 출금할 땐 부가세 10%가 붙고, 한국예탁결제원과 증권 회사에 수수료를 내야 한다. 1g 단위로 거래 가능하고, 매매금액의 약 0.3% 내외를 수수료로 낸다.

골드뱅킹은 은행을 통해 거래하면 된다. 통장을 만들어 국제 금시세와 환율에 따라 통장에 금을 적립하는 방식이다. 최소 투자 단위는 0.01g(최초 가입 땐 1g 이상)으로 소액 투자가 가능하다. 금 관련 상장지수 투자신탁을 활용하는 파생형 펀드와 주식형과 파생형을 혼합한 재간접형 펀드도 활용할 수 있다. 국내 금 펀드는 '블랙록월드골드'와 '신한BNPP골드', 'IBK골드마이닝' 등 상품이 대표적이다. 금값 상승으로 금 펀드 수익률도 높아지고 있다. 다만 이자배당소득세(15.4%)와 선취수수료(1~1.5%)를 내야 한다. 또 레버리지 상품의 경우 금값 상승 땐 이익을 보지만 하락기엔 원금 손실을 크게 볼 수 있다.

조한조 차장은 "펀드에 투자할 때 가장 손쉬운 방법은 국제 금 가격에 연동되는 파생상품에 투자하는 펀드를 선택하는 것"이라고 조언했다. 박병호 신한PWM인천센터 팀장은 "연준의 대규모 유동성 공급 등으로 금은 최적의 투자 대상이다. 가격이 많이 올라 금 투자가 부담스럽다면 골드테크(원화→외화 환전) 상품으로 금을 정기적으로 1년 정도 분할 매수하길 권장한다"고 했다.

금융자산의 20~30%는 달러로 보유해야

    달러 역시 전통적인 안전자산이다. 힘 센 나라의 안전한 통화인 미국 달러는 위기 때 빛을 발한다. 특히 달러 강세가 이어질 것이란 전망이 우세하다. 우선 미국의 적극적인 경기 부양책으로 코로나 사태를 회복할 것이란 기대감이 커지고 있다. 최근 대외경제정책연구원KIEP이 발표한 〈코로나19 대응 주요국의 재정 및 통화금융 정책〉 보고서에 따르면, 지난해 국내총생산GDP 대비 코로나 대응 재정 지출 규모가 가장 큰 나라는 미국(10.4%)이었다. 싱가포르(7.9%)와 일본(7.1%)이 뒤를 이었다.

    국내 주식 시장에서 비롯된 원화 약세도 환율 상승 요인이다. 코로나로 전 세계 교역량이 줄면서 수출 산업 위주인 한국 기업의 성장성 전망이 나빠졌기 때문이다. 외국인 투자자가 주식을 판 뒤 자산을 본국이나 다른 해외 투자처로 옮길 때 원화 자산을 달러로 환전한다. 이때 달러 수요가 커지면서 원화값이 하락한다.

    코로나를 둘러싸고 미국과 중국의 갈등도 시장 불안감을 키우고 있다. 미국과 중국이 서로에게 코로나 사태 책임을 전가하고 있다. 홍콩 역시 갈등 요인으로 남아 있다. 강대국 간 갈등은 전 세계 시장에 불안감을 조성해 안전자산 선호 현상을 부추긴다. 박형중 우리은행 자산관리전략부 부장은 "코로나 사태 이후 달러화는 대체로 강세 흐름을 보였다. 달러 수요가 커 당분간 달러화는 투자자가 선호하는 자산으로 남을 것"이라고 말했다.

다만 2020년 11월 예정돼 있는 미국 대선이 달러화 방향을 좌우할 핵심 변수다. 박형중 부장은 "재선을 노리는 도널드 트럼프 미국 대통령이 달러화를 재선 승리를 위한 지렛대로 활용할 가능성이 매우 높다. 강달러를 유지해 미국 국채에 대한 수요를 늘리고 코로나 사태에 대응할 재정 기반을 마련할 것으로 예상된다"고 덧붙였다. 트럼프 대통령은 폭스 비즈니스와의 인터뷰에서 "지금은 강한 달러를 가져가기 좋은 때다. 우리가 달러를 강하게 유지한 덕분에 모두가 달러화를 원한다"고 말했다. 지난 대선 당시 약달러 정책을 공약으로 내세우며 신흥국을 '환율 조작국'으로 정했던 것과는 달라진 모습니다. 전문가들은 트럼프 대통령이 대선에서 이기기 위해 강달러 전략을 계속 유지할 것으로 내다보고 있다.

다만 코로나 사태가 안정되면서 달러가 약세에 접어들 가능성도 배제할 수 없다. 국민은행 관계자는 "유럽과 미국에서 코로나 신규 확진자의 증가속도가 둔화하고 있고 재확진이 발생하지 않는다면 불확실성 완화로 안전자산인 달러 선호 역시 약화될 수 있다. 미국 연준의 달러 유동성 확대가 달러 강세 압력을 완화할 것으로 판단된다"고 말했다. 또 코로나 치료제 개발로 달러보다 비달러 통화의 강세가 나타날 수도 있다.

환율 변동 가능성이 클 땐 달러 투자의 경우 환차익보다는 장기적으로 자산 분산 차원에서 접근하는 게 바람직하다. 원화가치 하락에 대비해 달러 자산을 보유함으로써 자산 가치 하락을 방어하라는 의미다. 김은정 팀장은 "국내 고액자산가 자산의 큰 부분을 차지하는 부동산을 포함해 대부분 자산이 원화라 자산분산 차원에서 달러에 접근해야 한다. 금융자산의 20~30%는 달러로 보유할 것을 추천한다"고 말했다.

해외여행이나 자녀 유학으로 달러 수요가 꾸준히 있는 경우에도 달러 투자를 생각해볼 만하다. 만약 달러당 원화값이 떨어져 있는 상태(환율 상승)에서 한꺼번에 대규모 달러 환전을 해야 한다면 비싸지만, 미리 달러를 보유하고 있었다면 이런 부담을 덜 수 있다.

가장 쉬운 달러 투자 방법은 은행 달러예금 계좌에 돈을 넣어두는 방식이다. 달러가 저렴할 때 사뒀다가 가치가 오르면 원화로 환전해 환차익을 거둘 수 있다. 예금에 넣어두면 환차익에 더해 적립기간에 따라 기본 예금 금리도 받는다. 신한·KB국민·하나·우리·NH농협 등 5대 은행의 달러예금 잔액은 2020년 달러 강세가 이어지면서 3월 19일 기준 430억 9,800만 달러에 달하기도 했다. 모든 시중은행이 달러 예금 상품을 판매 중인데, 특별금리를 얹어주는 이벤트를 잘 노리면 금리 혜택을 받을 수 있다.

위험자산보다 안정적면서도 짧은 기간 투자를 원하면 달러 표시 채권에 투자할 수도 있다. 예를 들어 과거 발행됐던 국내 우량 은행의 달러 표시 자본증권 중에는 2년간 연 4%대 수익률로 6개월마다 달러로 이자를 지급하는 상품이 있다. 좀 더 높은 수익률을 원한다면 외화 주가연계증권ELS이나 해외 주식형 펀드 등도 가입할 수 있다. 달러 ELS는 연 6.0% 수익을 주는 상품으로 대표적인 환테크 상품이다. 주요국 주가 지수를 기초 자산으로 정해진 평가일에 가치 변동폭이 특정 조건을 충족하면 이자를 준다. 예를 들어 미국 S&P 지수가 가입했을 때보다 80% 아래로 하락하지 않으면 이자를 받는 식이다. 다만 원금 손실 가능성이 커서 투자에 유의해야 한다.

장기 투자를 원한다면 달러 보험 상품도 있다. 달러로 보험금을 받아 보험료 납입 시점보다 달러 가치가 올랐다면 환차익을 받을 수 있다. 10년 이상 투자하면 비과세 혜택도 있다. 다만 중도 해지 수수료가 있고, 달러 가치가 떨어지면 손실을 볼 수 있다.

전문가들은 높은 리스크를 감수하고 고수익을 얻으려는 투자자에겐 미국 주식 투자를 권유했다. 박형중 부장은 "달러에 직접 투자하는 것보다는 달러화 표시 자산(주식·채권 등)에 투자하는 것을 추천한다. 투자자산을 국내에 한정하지 않고 해외, 특히 미 달러화 표시 자산에 투자하는 것은 자산배분과 분산투자 관점에서도 바람직하다"고 조언했다. 특히 코로나 사태로 언택트 관련 기술 산업이 떠오르면서 미국 기술주에 투자하는 방법도 고려할 만하다.

은도 매력적, 가격변동은 유의해야

은 가격도 꾸준히 오르면서 투자자들의 관심이 커지고 있다. 통상 금값이 오르면 은 가격 역시 오른다. 조한조 차장은 "은은 금과 같은 안전자산인 동시에 인플레이션 헤지 자산 성격을 갖고 있다"고 말했다. 특히 금값에 비해 은값이 상대적으로 낮은 점도 투자자들에게 매력 요인이다. 그는 "금값과 은값이 같이 오르는 게 일반적이지만 최근엔 금 가격 상승 폭에 비해 은 가격 상승폭이 크지 않다. 지금부터 금과 함께 은에도 관심을 가질 필요가 있다"고 말했다. 김은정 팀장은 "산업 수요가 회복되면 은 강세가 이어질 것이다. 경기 회복 시 금보다 은값의 상승폭이 클 것으로 기대된다"고 했다. 실제 2009~2011년 귀금속가격 랠리 때도 금보다 은값의 상승폭이 컸다.

구리 역시 경기 회복 기대감이 높아지면서 가격이 꾸준히 오를 것으로 예상된다. 3월 중순 톤당 4,600달러까지 하락했던 국제 구리 가격은 최근 5,000달러를 넘는 수준까지 올랐다. 특히 주요 국가를 중심으로 경제 활동을 재개하고 경제 지표가 최악에서 벗어난다면 구리 가격 상승세도 이어질 것이라는 게 전문가들 예상이다.

다만 은이나 구리를 금과 동일한 잣대로 판단해선 안 된다는 게 전문가들 조언이다. 달러와 금 등 은을 대체할 안전자산이 충분하기 때문이다. 또 은과 구리는 경기가 악화하면 가격이 떨어질 수 있다. 은의 경기 민감도가 높다는 의미다. 박형중 부장은 "금과 은의 교환비율이 정상화되면 은은 금 가격을 추종해 상승할 가능성이 있다. 그러나 은은 가격 변동성이 큰 상품"이라고 지적했다. 그는 "은은 금에 비해 가격 등락률이 2배 이상이라 가격이 상승할 때는 수익이 크지만 가격이 하락할 땐 손실도 크다. 은에 투자할 때는 높은 변동성을 고려해 신중하게 의사결정을 해야 한다"고 조언했다.

일부 전문가들은 코로나 사태로 인한 경제 '셧다운'이 재개되지 않는 이상 은의 가격 상승은 주춤할 것으로 내다봤다. 게다가 은과 구리 등에 투자하는 방법은 금이나 원유보다 많지 않다. 대표적인 은 투자 방법은 실버 바를 구매하거나 은 통장을 이용하는 것이다. 미국 주식 시장에 상장돼 있는 ETF 등을 활용하는 것도 방법이다.

2020년 초 급락했다 조금씩 회복하고 있는 원유 역시 조금씩 관심을 가질 필요가 있다는 조언도 나왔다. 조한조 차장은 "단기적으로 변동성이 이어질 수 있지만 장기적 관점에서는 바닥권에서 벗어날 가능성이 커 보인다"고 했다. 국민은행 관계자는 "원자재 시장에서 유가는 수요 부진 지속과 저장 공간 부족 우려로 저유가 흐름이 나타났다. 하지만 OPEC 감산시작과 함께 미국 셰일업체 가동 중단, 경제활동 정상화에 따른 수요 회복으로 하반기 중에는 반등할 것으로 예상된다"고 말했다.

전문가들은 안전자산들의 경우 높은 수익성을 얻기보단 말 그대로 포트폴리오 다각화 차원에서 접근해야 한다고도 조언했다. 박형중 부장은 "금 등 안전자산 가격이 이미 큰 폭으로 오른 만큼 가격 상승세는 완만해질 수 있으므로 기대수익률은 낮추는 것이 필요하다"고 말했다.

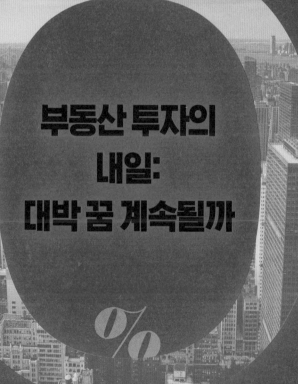

PART
3

부동산 투자의
내일:
대박 꿈 계속될까

6·17 부동산 대책
파헤치기

이제 법인도 피해갈 수 없다

정부는 2020년 6월 17일 발표한 '주택시장 안정을 위한 관리방안'에서 법인이 보유한 주택에 대한 종합부동산세 세율을 주택 가격과 무관하게 일제히 최고세율까지 높이기로 했다. 주택매매·임대사업자에 대한 주택담보대출도 7월 1일부터 전면 금지되었다.

법인을 통해 소유한 주택에 대한 종합부동산세는 기존처럼 공시가격을 토대로 계산한 과표에 따라 세율을 차등화하지 않고 일제히 최고세율을 적용하는 내용이 담겼다. 2021년 부과분부터 법인 다주택자(3주택 이상 또는 조정대상지역 2주택)는 4%, 일반적 보유(비규제지역 1~2주택 또는 조정대상지역 1주택)는 3% 세율이 적용된다. 이전에는 개인·법인에 대한 구분 없이 납세자별로 보유주택의 공시가격을 합산해 종부세를 부과해 왔다.

종부세 공제액을 부풀리는 행위도 차단된다. 예를 들어 개인이 주택 3채를 보유하고 있으면 공제액이 6억 원(다주택자 기준 적용)에 불과하지만 법인을 2개 설립해 분산 소유하면 공제액이 21억 원까지 늘어난다. 1주택자가 된 개인 공제액 9억 원과 법인에 적용되는 공제액 6억 원이 두 차례 더해진 덕분이다. 이와 함께 법인에 대한 종부세 공제도 2021년 부과분부터 폐지하기로 했다. 법인 주택 양도차익에 대해 법인세율을 10% 추가하던 제도도 추가 폭을 20%로 확대했다. 사실의 양도세 중과 조치다.

또 주택매매·임대사업자에 대한 주택담보대출도 전면 금지했다. 앞으로 주택매매·임대사업자는 주택을 구입하기 위한 '시설자금'뿐만 아니라 주택 수리비 등 '운전자금'을 위한 용도로도 주택담보대출을 받을 수 없게 된다. 이 같은 조치는 사업자등록 시점과 관계없이 규제가 적용된다.

주택담보대출이 금지되는 사업자 범위에는 법인 주택매매·임대사업자를 포함해 개인 주택매매·임대사업자 모두 포함된다. 다만 시행일인 2020년 7월 1일 전까지 주택담보대출을 신청했거나 주택매매계약(가계약 제외)을 체결하고 계약금을 이미 납부했다면 종전규정을 인정받을 수 있다. 임차인 보호 차원에서 주택매매·임대사업자가 7월 1일 이전까지 취득한 주택을 담보로 한 '임차보증금 반환 목적'의 대출은 허용하기로 했다.

정부는 법인이 보유한 8년 장기임대등록 주택(수도권 6억 원, 비수도권 3억 원 이하)에 종부세·양도소득세 감면 혜택을 제공해 왔는데, 2020년 6월 18일 이후 등록한 주택은 이 같은 혜택에서도 제외하기로 했다.

고강도 대출 옥죄기… 갭투자 시대 끝나나

갭투자 차단을 위한 대출규제로는 '주택담보대출 취급시 전입·처분요건 강화', '전세대출보증 이용제한 강화' 등 고강도 규제가 포함됐다.

투기지역·투기과열지구·조정대상지역 주택을 매입하면 6개월 이내에 의무적으로 전입해야 한다. 또한 1주택자가 규제지역 주택을 매입하는 경우 역시 6개월 내에 기존 주택의 처분과 신규주택 전입을 완료해야 한다. 규제 시행 시점은 2020년 7월 1일이다. 시행일 이전에 주택매매계약을 체결하고 계약금을 이미 납부했거나 금융기관에 대출 신청접수를 완료했다면 종전 규정이 적용된다. 정식 계약이 아닌 가계약은 종전 규정을 적용되는 근거로 이용되기 어려운데, 이는 제3자인 금융회사가 계약 성립 여부를 확인할 수 없기 때문이다.

전입 완료·기존주택 처분의 기준이 되는 '6개월'은 주택담보대출 실행일을 기준으로 한다. 단 중도금·이주비 대출은 신규 주택소유권 이전 등기일로부터 6개월로 산정한다. 만약 1주택자가 기존 주택 처분에 실패해 신규 주택에 전입하지 못하면 대출약정 위반으로 기한이익이 상실돼 대출을 상환해야 한다. 사실상 대출을 회수하게 되는 셈이다. 여기에 더해 대출차주는 앞으로 3년간 주택관련 대출을 받지 못하게 된다.

6·17 대책으로 강화되는 처분·전입 요건은 '주택구입 목적'의 주택담보대출을 받는 경우에만 적용된다. 생활안정자금 목적의 주택담보대출은 1억 원까지 받을 수 있다. 보금자리론 대출을 받아 주택을 구입했다면 3개월 내 전입, 1년 이상 실거주 요건을 충족해야 하며, 의무 위반시 대출금이 회수된다. 지금까지 보금자리론을 이용하는 사람에게 전입 의무는 별도로 없었다. 다만 시행일인 2020년 7월 1일 전까지 주택매매계약을 체결해 계약금을 납부했거나, 대출 신청접수를 완료했다면 종전 규정을 적용받는다. 보금자리론 전입 시한인 '3개월'은 주택담보대출 실행일로부터의 날짜를 기준으로 한다. 전입여부는 대출 실행시점이나 실행 후 3개월 이내에 전입 후 '전입세대열람원'을 은행에 제출해 증빙하면 된다. 1년간 실거주 여부는 따로 증빙을 내기보다는 대출실행 기관이 별도로 조사하게 된다. 만약 전입·실거주 등 약정을 위반하게 되면 기한이익 상실 조치로 대출이 회수된다.

투기지역과 투기과열지구 내 KB시세 기준 3억 원 초과 아파트를 구입한 사람은 전세 대출을 받지 못하게 된다. 전세 대출을 받은 사람이 해당 아파트를 구입하는 경우에는 전세대출이 즉시 회수된다. 주택이 아닌 아파트가 대상인 만큼, 정부는 이번 대책에서 타깃을

6 · 17 주택시장 안정 대책 주요 내용

규제지역 추가	• 조정대상지역 추가: 경기, 인천 대부분+대전·청주 • 투기과열지구 추가: 수원·안양·구리·군포 등
주택거래신고 강화	투기과열지구·조정대상지역 주택 구입 시 자금조달계획서 제출
갭투자 차단	• 주택담보대출: 규제지역 내 주택 구입 시 6개월 내 처분·전입 의무 • 전세대출: 투기지역·투기과열지구 내 3억 원 이상 주택 구입 시 전세대출 금지
법인 부동산 규제 강화	• 대출: 주택 매매, 임대사업자 주택담보대출 금지 • 세제: 법인 보유주택 종부세율 3%(2주택 이하), 4%(3주택 이상) 적용
개발 호재 인근 토기거래허가구역 지점	강남구 삼성·대치동, 송파구 잠실동 일대 갭투자 금지
정비사업 규제 정비	• 수도권 재건축 조합원 분양 신청까지 2년 의무 거주 • 안전진단 관리권한 시·도로 권한 이양, 2차 조사 강화

명확하게 한 것으로 해석된다. 3억 원 초과 아파트 비중은 서울 강남 99.4%, 서초 98.9%, 송파 99.6%, 용산 99.9%, 성동 100%에 달한다. 거의 모든 아파트가 해당되는 셈이다.

규제는 시행일 이후 대출 신청분부터 적용되며, 시행일 전에 전세계약을 이미 체결했다면 종전 규정을 적용받는다. 규제 시행 전에 전세대출을 받은 사람이 규제 시행 후 규제지역 내 3억 원 초과 아파트를 구입하게 되면 기존 전세대출의 만기까지만 대출이용이 가능하고 연장은 제한된다.

규제 위반으로 대출회수 조치를 받은 차주는 전세대출 원리금 상환 의무가 발생하고 연체차주로 등록돼 연체이자가 부과된다. 연체 3개월이 경과하면 채무불이행자로 등록돼 금융권 대출을 이용할수 없다. 이와 함께 앞으로 3년간 주택관련 대출 이용도 제한된다.

다만 불가피한 실수요 등에 대해서는 규제 예외를 인정한다는 방침이다. 과거 정부는 직장이동·자녀교육·부모봉양 등 이유로 시·군 간 이동해 전셋집과 구입주택 모두에서 실제 거주하면 전세대출 보증을 허용해주기로 했던 바 있다. 정부는 일부 추가적인 예외도 인정할 계획이다. 매입한 아파트에 기존 세입자의 임대차 기간이 남아 있을 때 해당 기간까지는 회수규제를 유예하는 방안 등이 거론된다.

정부는 주택도시보증공사HUG의 1주택자 대상 전세대출보증 한도도 2억 원으로 낮추기로 했다. 전세대출 보증한도는 주택금융공사(HF)가 2억 원인 반면 HUG는 수도권 4억 원·지방 3억 2,000만 원으로 보증기관에 따라 차이가 있다는 점을 감안한 것이다. SGI서울보증보험 등 민간보증기관의 한도도 축소된다.

2년 거주해야 가능한 재건축 분양 신청

재건축 등 정비사업에 대한 규제책도 담겼다. 목동6단지와 성산시영아파트 등이 잇따라 안전진단을 통과하고 잠실5단지·대치은마아파트 집값이 바닥을 찍고 올라오는 등 재건축 시장이 불안한

조짐을 보이자 곧바로 압박에 나섰다.

6·17 대책에 담긴 재건축 시장 규제는 안전진단 강화, 거주요건 강화, 재건축 부담금 본격 징수 등 크게 세 가지로 나뉜다. 가장 눈에 띄는 부분은 수도권 투기과열지구 재건축 사업장에서 조합원 분양 신청 시까지 2년 이상 거주한 경우만 분양 신청을 허용한 점이다. 다만 연속 거주가 아니라 합산 거주 기간으로 계산한다. 정부는 2020년 12월 법 개정을 거친 후 최초 조합설립인가를 신청한 사업장부터 적용하기로 했다. 지금까지는 재건축사업에서 거주여부와 관계없이 모든 토지 등 소유자에게 조합원 자격요건이 주어졌다. 하지만 이들이 실제 거주하지 않았음에도 상대적으로 낮은 가격에 분양신청이 가능하다는 지적이 있어 왔다.

정비업계에선 대치 은마아파트나 여의도 일대 재건축 아파트 등이 당장 영향권에 들어올 것으로 보고 있다. 장기적으로 보면 압구정 일대 아파트, 대치동 우성·선경·미도아파트, 서초동 삼풍아파트 등 강남 대어급 아파트들도 후폭풍은 피할 수 없다.

정부는 2019년 말 헌법재판소에서 합헌 결정이 난 재건축부담금을 본격 징수하겠다며 재건축 시장 전반에 대한 압박수위도 높였다. 이와 함께 2020년 하반기부터 한남연립과 두산연립을 시작으로 부담금 걷기에 나서겠다며 강남 5개 단지, 강북 1개 단지, 경기 2개 단지를 시뮬레이션한 결과도 발표했다. 강남 5개 단지 평균의 재건축 부담 예상액은 4억 4,000만원에서 5억 2,000만원에 이른다. 단지별로 최고액이 무려 7억 1,000만원에 이른다는 결과까지 제시했다. 강북 1개 단지의 경우 조합원당 1,000만~1,300만 원, 경기 2개 단지의 경우 60만~4,400만 원으로 계산됐다. 하지만 국토부는 해당 단지이름과 계산방법 등은 공개하지 않아 또 한 차례 논란이 예상된다.

대책에는 안전진단 강화 방안도 포함됐다. 재건축사업 초기 장벽을 더 높인 것이다. 그동안 지자체 소관이었던 1차 안전진단 용역업체 선정·관리를 시도지사에게 넘기고, 2차 안전진단(공공기관 적정성 검사)에 현장조사를 반드시 하도록 포함했다.

서울 수도권 대부분이 규제지역

정부는 이번 부동산대책에서 조정대상지역을 기존 44곳에서 69곳으로 25곳이나 늘렸다. 특히 이 가운데 경기·인천 등 수도권에 19곳이 집중됐다. 지방에선 대전 5곳(동, 중, 서, 유성, 대덕)과 청주 등 6곳이 조정대상지역에 추가됐다.

경기도에선 군포, 안산, 부천, 시흥, 오산, 평택, 광주, 양주, 의정부 등이 새롭게 조정대상지역에 추가됐다. 당초 지난 2·20대책에서 조정대상지역 추가 가능성이 거론됐으나 명단에서 빠졌던 안산(8.14%), 오산(7.97%), 군포(7.89%) 등은 2020년 들어 4개월간 나란히 8% 안팎의 급등 양상을 보인 바 있다.

조정대상지역으로 지정되면 다주택자 양도세 중과(기본세율

+10~20%), 1주택 양도세 비과세 요건 강화(2년 보유→2년 거주), 다주택자 종부세 중과세 등 조치가 가해진다. 또 주택담보대출을 받을 때 주택담보대출비율LTV이 기존 70%에서 50%(9억 원 초과분은 30%)로, 총부채상환비율DTI은 기존 60%에서 50%로 각각 낮아진다.

다만 이번 대책에서도 김포, 파주, 연천, 동두천, 포천, 가평, 양평, 여주, 이천 등 남북 접경지역 및 강원도 인접 지역은 조정대상지역 추가 대상에 빠졌다. 남북 접경이란 이유로 규제대상에서 빠진 김포의 경우 서울과도 일부 인접했을 정도로 입지가 좋은 편이라 인터넷 부동산카페 등에서는 풍선효과가 예상되는 유력 후보지로 거론되기도 했다.

투기과열지구는 기존 31곳에서 48곳으로 늘었다. 수원, 안양, 성남 수정, 안산 단원, 구리, 군포, 의왕, 용인 수지·기흥, 화성동탄2, 인천 연수·남동·서, 대전 동·중·서·유성 등 17곳이 추가됐다. 투기과열지구에서는 시가 15억 원을 초과하는 고가주택에 대한 주택담보대출이 금지되고 9억 원 초과 주택의 주택담보대출비율LTV은 20%로 낮아지는 등 강력한 규제가 가해진다.

6·17 대책에서 투기과열지구 및 조정대상지역은 거래금액과 상관없이 모든 주택매매 때 자금조달계획서 제출을 의무화했다. 2019년 12·16 대책에서 3억 원 초과 주택 거래 시 자금조달계획서를 내도록 한 것에서 기준을 한층 강화한 셈이다. 또 기존에 투기과열지구에서 9억 원 초과 주택 거래 시 제출토록 했던 자금조달 증빙자료도 앞으로 투기지구에선 거래금액과 관계없이 제출해야 한다.

규제 속에서도 영그는
부동산 대박 꿈

꾸준히 상승세를 이어가던 집값은 2020년 초 코로나라는 변수로 새 국면을 맞이했다. 코로나를 극복하기 위한 초저금리 시대의 도래와 역대급 경기 침체, 계속되는 정부 규제 등 그동안 보지 못한 다양한 변수들이 맞물려 부동산 시장을 흔들어놓았다. 이 때문에 전문가들조차 전망이 엇갈리고 있다.

코로나 사태 직전까지만 해도 우리나라 부동산 가격은 역대 최고 수준을 연달아 경신했다. 상승을 견인한 지역은 서울이었다. KB국민은행 주택가격 동향을 보면 2020년 3월 서울 평균 아파트 매매 가격은 9억 원을 돌파했다. 서울 중위 매매 가격 또한 2020년 1월 9억 원대에 진입하며 역대 최고 수준을 기록했다. 중위 매매 가격은 서울의 모든 아파트를 가격 순서대로 나열했을 때 가장 중간에 있는 아파트의 가격을 뜻한다. 이 덕분에 전국 아파트 가격도 4월 3억

9,597만 원을 기록하며 역대 첫 4억 원대 진입에 한발 더 다가갔다.

평균가격은 고가주택 수가 많고 상승폭이 클수록 높아지고, 저가 주택이 많고 하락폭이 크면 내려간다. 이와 달리 중위가격은 정중앙 가격만 따지기 때문에 시세 흐름을 판단하는 데 더 적합하다는 평가를 받는다. 현 정부 출범 초기인 지난 2017년 5월 서울 아파트 중위가격은 6억 635만 원으로 6억 원대를 막 진입한 상태였다. 이후 3년도 되기 전에 3억 원 가까이 아파트값이 급등한 것이다.

아울러 2019년 거래된 서울 아파트 매매 거래가격 상위 10%의 평균 가격이 처음으로 20억 원을 돌파했다. 부동산 거래·정보 플랫폼 직방이 서울 아파트 매매 실거래가를 분석한 결과 아파트 매매 거래가격 상위 10%의 평균 가격이 21억 3,394만 원으로 조사됐다. 이는 역대 최고 수준이다. 2018년 17억 5,685만 원에 비해서도 3억 7,709만 원(21.5%) 뛰었다. 5년 전인 2015년과 비교하면 약 9억 원 이상 올랐다.

코로나, 아파트 가격 일시 하락 불렀지만

하지만 코로나 확산이 본격화하면서 부동산 가격 상승세를 이끌던 서울 아파트 가격은 일시적인 하락세를 보였다. 특히 15억 원 초과 고가 아파트에 대한 전면적 대출 금지를 담은 12·16 대책 이후에도 버티고 있던 강남 아파트값이 코로나 충격으로 무너져내렸다.

이런 이유로 거래가 사실상 마비되며 '빙하기'에 돌입했다는 분석도 나왔다. 한국감정원 주간아파트 가격 동향 기준으로 서울 아파트 매매 가격은 2020년 5월 11일까지 7주 연속 하락세를 기록했다. 서울 아파트값은 3월 마지막 주에 0.02% 하락하며 9개월 만에 하락세로 전환한 바 있다. 한국감정원은 "코로나 확산과 정부 규제 영향으로 관망세가 확대되고 거래가 위축됐다. 서울 주요 지역은 대체로 급매물 위주로 거래되며 하락폭이 커졌다"고 분석했다.

KB국민은행 월간 매매거래동향 숫자를 봐도 부동산 시장의 냉기를 느낄 수 있었다. 부동산 거래가 활발할수록 높은 수치를 보이는 KB 매매거래지수는 2020년 4월 들어 4.7로 2019년 5월 이후 처음으로 한 자리 수에 진입했다. 매도와 매수의 흐름을 보여주는 매수우위지수의 경우 58.3를 기록했다. 매수우위지수가 100을 넘으면 매수자가 많다는 뜻이고, 100 미만이면 매도자가 많다는 뜻이다. 그만큼 4월까지만 해도 매수를 희망하는 수요는 시장 불확실성 때문에 적었고, 급매 등 부동산을 처분하려는 공급량은 비교적 많았다는 뜻이다. 물론 거래가 활발한 시기 대비 매도 희망자들도 적었다는 점에서 전반적으로 시장이 얼어붙었다고 볼 수 있다.

그런데 5월 중순부터 부동산 시장은 또 다른 양상을 보이기 시작했다. 떨어지던 서울 아파트 가격의 하락폭이 줄어들기 시작했기 때문이다. 5월 11일 기준 한국감정원의 서울 아파트 가격 시세는 전주 대비 0.04% 하락했는데, 이는 0.06% 떨어졌던 전주에 비해서는 줄어든 수치였다. 재산세·양도세 부담에 다주택자 등 집주인들이 '급매'로 던진 매물이 소화되면서 다시 시장은 '버티기 모드'로 변했다는 분석이 나오는 이유다. 보유세 과세 시작 시점이 다가오자 강남 아파트값 하락을 주도했던 초급매물이 대부분 자취를 감춘 것이다. 종부세 강화 방침이 2021년 이후로 미뤄지자 집주인들이 매물을 다시 거둬들인 영향도 적지 않았다는 분석이다. '6월 말까지 다주택자 양도세 중과 배제를 적용받기 위한 6월 말 잔금 조건', '보유세를 줄이기 위해 주택 보유 수 산정 기준인 6월 전(5월 말) 잔금 조건', '증시 하락장에서 주식 투자를 위한 현금 확보', '코로나 충격에 따른 사업자금 회수'가 당시 쏟아진 급매물의 네 가지 유형으로 꼽힌다.

지방 현금부자들이 서울로 올라와 급매물 '원정 쇼핑'에 나서면서 급매가 소진되기도 했다. 국토교통부 실거래시스템에 따르면 2020년 3월 서초구 아파트 매매(205건) 중 외지인 매입은 53건으로 25%에 달했다. 거래가 활발했던 2019년 11월만 해도 외지인 거래 비중은 18% 정도였다. 같은 기간 강남 소재 아파트 전체 매매(264건) 중 외지인 매수는 77건(31%)으로 2019년 11~12월(25~27%)보다 비중이 늘었다.

이처럼 풍부한 유동성을 바탕으로 '규제 청정지대'를 파고드는 투자자들은 꾸준히 이어지고 있다. 부동산 정보 큐레이션업체 경제만랩이 한국감정원 아파트매입자 거주지를 분석한 결과, 2020년 1분기 서울 거주자가 전국 아파트를 매입한 건수는 1만 6,240가구로 나타났다. 이는 관련 통계가 작성된 2006년 이후 1분기 거래량 중

역대 최고치다.

서울 거주자들의 경기도 아파트 매입이 유독 많았다. 2019년 1분기만 하더라도 서울 거주자들이 경기도 아파트에 매입한 거래 건수는 3,142가구 수준이었지만, 2020년 1분기에는 1만 1,637가구를 매입해 전년대비 270%가량 뛰었다. 이 기간 동안 서울 매매상승률은 0.19%로 사실상 보합수준이었지만, 수원은 15%, 송도가 있는 인천 연수구가 약 7% 가까이 올랐다. 상승 동력은 서울 투자자들의 수요였던 것으로 풀이된다.

5월 초 국세청은 국토교통부와 관계기관 합동 조사 결과 소득이 없는 20대 등 저연령층이 서울 강남 고가 아파트를 사들인 사례가 91건에 달했다고 밝혔다. 소득이 없는 20대가 집값이 급등한 서울, 제주 등에서 주택, 고급 빌라 수십 채를 사들인 사례도 공개됐다. 매입 자금은 부모에게 편법 증여를 통해 확보됐다.

'결국 오를 것'이라는 수많은 신호들

그렇다면 전문가들의 향후 전망은 어떨까. 부동산114는 2008년 금융위기 직전과 코로나가 본격 발발하기 전인 2020년 초 상황을 비교하며 "1분기 서울 집값 추이가 금융위기 직전 2008년 상반기와 닮았다"고 분석했다. 지난 2008년에는 강남3구 아파트값이 떨어지고 서울 외곽지역은 리먼 사태 발생 직전까지 상승했다. 2020년 1

분기 서울 아파트값은 노원, 강북, 성북, 동대문 등 9억 원 이하 중
저가 아파트가 가격이 오른 반면, 고가 아파트가 많은 송파, 서초,
강남은 대출 규제로 오름폭이 둔화한 바 있다.

특히 코로나로 인한 경기 침체로 '금융시장 충격 → 실물 경제 악
화 →부동산 시장 하락'을 예상하는 전문가들도 적지 않았다. 경기
가 위축되면 결국 부동산 시장도 하방 압력을 받을 수밖에 없다는
뜻이다. 부동산 상승세가 2~3년간 이어졌다는 점에 대해 의미를
부여하는 시각도 적지 않았다. 심교언 건국대 교수는 "서울 집값이
워낙 많이 올라 사람들이 느끼는 피로감이 크다. 또 코로나로 인한
실물 경기 침체가 본격화하면 생계를 위해 집을 파는 사람이 늘어
날 수 있다"고 예측했다.

다만 전대미문의 초저금리 시대가 도래했다는 점에서 과거 위기
와는 흐름이 다를 수 있다는 분석도 적지 않았다. 김규정 NH투자
증권 부동산 연구위원은 "저금리, 대출 요소는 변한 게 없어 매매
수요에 긍정적 영향을 미치게 된다"고 설명했다. 여기에 서울의 경
우 아파트 공급이 부족하다는 점도 상승 요인으로 꼽힌다. 정부 대
책 때문에 다주택자들이 세금 부담 등을 줄이기 위해 급매물을 내
놓으며 일시적인 시세 하락을 나타낼 수는 있지만, 금리가 낮고 전
세값도 오르는 추세라 코로나가 잠잠해지면 다시 상승세를 탈수도
있다는 것이다. 또 코로나발 위기는 금융·실물경제 시스템과 기반
자체의 붕괴로 인한 침체가 아니라는 면에서 부동산 시장에 '일시
적인' 악재로 작용할 것이라는 진단도 나온다.

한국은행은 코로나로 인한 세계경제 침체 우려가 커지자 2020년 3월 임시 금통위를 열어 기준금리를 연 1.25%에서 사상 최저 수준인 0.75%로 인하했다. 이후 5월 말에는 추가 금리인하를 단행해 0.5% 수준까지 떨어뜨렸다.

이 영향으로 실제 주택 거래에 영향을 미치는 주택담보대출 금리도 꾸준히 하락하고 있다. 은행의 자본조달 비용을 반영한 주택담보대출 기준금리인 코픽스(자금조달비용지수)가 일제히 하락하며 은행들의 변동형 주택담보대출 금리는 연 2% 초반대까지 내려간 상태다. 대출을 받아 집을 사는 '기회비용'이 그만큼 적은 것이다. 이런 가운데 국내 은행에 쌓여있는 예금자들의 돈은 1,500조 원대를 웃돌고 있다.

실제로 서울 아파트 금융비용 하락은 계속되고 있다. 2019년 4분기 아파트 매매실거래가격 상승에 비해 매입 금융비용 상승은 4분의 1에 그치며 아파트 매입에 우호적인 환경이 유지되고 있다. 직방이 LTV 40%를 가정해 시뮬레이션한 결과 2019년 4분기 아파트 구입 연간 금융비용은 380만 원으로 집계됐다. 직전 분기인 2019년 3분기 377만 원에 비해 소폭 상승하는 데 그쳤다. 이런 가운데 전국 평균 매매 실거래가격은 2019년 3분기 3억 7,031만 원에서 4분기 3억 8,556만 원으로 약 1,525만 원 상승한 것으로 조사됐다. 전분기 대비 매매거래가격은 4.1% 상승했지만 금융비용은 0.9% 상승에 그쳤다. 거래가격 상승에 따른 금융비용 부담은 상대적으로 적었다는 뜻이다. 이러한 추세는 이후로도 계속 이어지고 있다.

유동성이 풍부한 상황을 활용해 집을 사려는 수요 또한 꾸준하다. 코로나로 인한 불확실성이 해소되면 매도·매수 심리가 살아날 수 있다는 것이다. 직방이 2020년 3월 앱 사용자 4,980명을 대상으로 2020년 주택 매입 전략 설문조사를 진행한 결과 응답자 10명중 7명이 "2020년 내로 집을 매수하겠다"고 밝혔다. 각종 대책으로 매수 희망 비율이 줄긴 했지만, 여전히 높은 수준이다.

청약통장 숫자가 계속해서 늘어난다는 점 역시 '분양을 통해서라도 집을 구해보겠다'는 국민적 여론을 보여주고 있다. 2020년 1월 2,388만 개였던 주택청약종합저축 통장은 2,432만 계좌로 늘어났다. 특히 서울을 중심으로 공급이 축소된 새 아파트에 대한 갈증도 여전하다. 청약 규제가 강화된 서울은 물론 2020년 8월부터 분양권 전매가 금지된 경기도 화성에서도 청약 열기는 끊이질 않고 있다. 2020년 5월 서울 강서구 화곡동 우장산숲 아이파크는 150가구(특별공급 제외) 모집에 9,922명이 청약해 평균 66.2대 1의 경쟁률을 기록했다. 경기도 화성시 반월동 신동탄포레자이도 739가구(특별공급 제외) 모집에 해당지역과 기타지역을 합쳐 5만 1,878명의 청약자가 몰려 평균 70.2대 1의 경쟁률을 기록한 바 있다.

경기 하남 감일지구 하남포웰시티의 청약 부적격자 물량 11가구에는 6,000건 넘는 신청이 몰리기도 했다. 하남시에 거주하는 무주택자가 신청할 수 있는데, 하남 시민 6,000여 명이 한 아파트 분양을 받기 위해 몰려든 것이다. 아울러 희망임대리츠 146건 매각 입찰에 총 2만 5,404명이 참여해 평균 경쟁률 174대 1을 기록하기도

했다. 희망임대리츠 아파트는 정부가 2014년 주택도시기금 등을 통해 주택담보대출 원리금 상환에 어려움을 겪는 주택 소유자로부터 집을 매입한 후 재임대해주는 방식으로 확보했던 물량이다. 낙찰 즉시 3억~4억 원의 시세차익을 얻을 수 있어 실수요자들이 대거 몰린 것으로 보인다.

코로나라는 변수가 해소되면 아직 풍부한 수요를 중심으로 시장이 다시 살아날 것이라는 분석이 나오는 이유다. 수요가 살아나 공급을 자극하면 다시 거래가 활성화돼 시장이 되살아날 수 있다는 뜻이다.

아파트와 유사한 주거용 오피스텔 역시 코로나에도 꾸준한 인기를 누리고 있다. 규제가 상대적으로 덜해 부담 없이 청약을 넣을 수 있는 중소형 오피스텔에 '묻지마 청약'이 몰리면서 부동산 투자와 소유에 대한 갈망을 보여줬다. 만 19세 이상이면 주택 소유 여부에 상관없이 누구나 오피스텔 청약을 신청할 수 있다. 오피스텔은 청약에 당첨돼도 보유 주택으로 산정되지 않는다. 무주택자 자격을 유지할 수 있다는 뜻이다.

2020년 4월 대전 유성구 용계동 힐스테이트도안 오피스텔 청약 392실 모집에는 총 8만 7,397명이 몰려 평균 경쟁률 222.91대 1을 기록했다. 최고 경쟁률은 5,993대 1로 집계됐다. 힐스테이트 도안은 계약 4일 만에 모든 호실의 계약을 마쳤다. 바로 직전 달 분양된 인천 연수구 송도동 오피스텔 '힐스테이트 송도 더스카이'의 평균 경쟁률은 180.29대 1이었다.

오피스텔 거래량도 치솟고 있다. 국토교통부 실거래가시스템에 따르면 2020년 1분기 전국 오피스텔 거래량은 9,848건으로, 2019년 1분기(6,944건)에 비해 41.8% 급증했다.

거대 여당, 아파트 가격 잡아낼까

다만 '거대 여당' 변수가 시장에 어떤 영향을 끼칠지 주목해야 한다. 집값 안정화 의지가 강한 여당이 절반을 훨씬 넘는 의석 확보로 국정 운영의 주도권을 쥐었다. 이 때문에 종합부동산세 등 다주택자의 과세 강화 정책은 물론 분양가 상한제 등의 기존 정책들도 차질 없이 추진될 것으로 예상된다. 21대 국회에서는 주택 전월세 신고제와 전월세 상한제, 계약갱신청구권 등이 부동산 시장에 영향을 줄 변수 중 하나로 꼽힌다. 6·17 부동산 대책 이후에도 집값 안정을 위한 주택담보대출비율LTV, 총부채상환비율DTI 등 강력한 대출 규제나 실수요자 중심의 청약제도도 꾸준히 추진될 것이다.

물론 총선 과정에서 이낙연 당시 민주당 공동 상임선대위원장과 이인영 원내대표 등이 1주택자의 종부세 완화 방안을 약속한 바 있어 향후 추이를 지켜볼 필요성은 제기되고 있다. 그동안 수많은 대책이 쏟아졌지만, 실제로 문재인 정부 출범 후 월 단위 매매 가격 변동률(전월 대비) 집계에서 집값이 떨어진 기간은 그리 길지 않다. 특히 서울은 더욱 그렇다. KB국민은행 월간주택가격동향을 보면 지난 2017년 5월 이후 2018년 12월까지 서울 아파트 가격은 1년 넘게 오르다가 2019년 1월부터 6월까지 반 년 동안만 하락했다. 이후 꾸준히 전월대비 상승하는 추이를 이어가고 있다.

과거를 관찰하면
패턴이 보인다

　　문재인 정부의 부동산 대책은 각종 규제는 물론 공공 임대주택 보급, 3기 신도시와 광역 교통망 건설을 통한 서울 외 지역 거점 활성화 등 과거 노무현 정부의 부동산 규제를 떠올리게 하는 지점이 있다.

　　그러나 저금리 장기화에 코로나로 인한 경기침체 우려까지 닥치면서 문재인 정부도 결국에는 정책 방향을 선회하고 부동산을 활용한 경기 부양에 나서지 않을까 의심의 눈초리를 보내는 일부 시각도 존재한다. 1997년 외환위기, 2008년 글로벌 금융위기를 겪은 정권은 진보-보수를 가리지 않고 부동산 시장을 경기 회복 수단으로 삼았던 전례가 있기 때문이다.

　　전대미문의 저성장·저금리 위기 상황을 맞아 불안감이 높아지고 있지만, 불행 중 다행인 것은 우리에게 반추해볼 과거가 있다는 점이다. 역대 정부에서 부동산은 때로는 위기를 증폭시킬 뇌관으로 여겨졌고, 때로는 경제를 소생시키기 위한 히든카드로 활용됐다. 주택 시장에 본격적인 거품이 끼기 시작한 2000년대 초반, 김대중-노무현-이명박-박근혜 정부로 이어지는 역대 부동산 정책의 향방은 현재 우리 앞에 닥쳐 있는 부동산 시장의 뿌리인 동시에 앞으로의 가늠자가 돼줄 수 있다.

김대중 정부, '부동산 과열'로 외환위기 헤쳐 나와

사실 부동산 경기는 정권의 정치적 성향보단 전 세계적인 경기 흐름과 맞물려 돌아갈 수밖에 없다. 더욱이 부동산 시장에선 주택 수요와 공급, 금리 수준과 자금 유동성, 국민의 소득 수준과 대출 규제 등 여러 요인이 복합적으로 작용해 영향을 주고받는다. 만약 자금 유동성이 넘쳐나 부동산 시장이 과열·투기 조짐을 보인다면 규제를 강화해 시장을 진정시키려는 조치가 뒤따를 것이다. 반대로 시장이 침체돼 디플레이션(자산 가치 하락) 우려가 있다면 관련 규제를 완화해 부동산 거래를 활성화시키는 부양책을 쓰게 된다.

나라 곳간에 돈이 사라져 전례 없는 침체를 맛본 외환위기 사태 직후엔 어땠을까. 1997년 11월 21일 오후 10시, 임창열 당시 경제 부총리가 기자회견을 열어 "금융 및 외환위기 타개를 위해 국제통화기금IMF에 구제 금융을 요청한다"고 발표하며 시작된 우리나라의 외환위기 사태는 약 4년 후인 2001년 8월 23일, IMF의 차입금 195억 달러를 모두 갚을 때까지 지속됐다.

1998년 2월 임기를 시작하며 이른바 '국가 부도' 사태의 뒷수습을 맡게 된 김대중 전 대통령은 침체된 국내 경기를 살리기 위해 부동산 활성화 정책을 동원할 수밖에 없었다. 당시 시장은 패닉에 빠졌다. 사태가 불거지기 직전인 1997년 12월 기준 통계청이 발표한 실업률은 3.1%였는데, 한 달 뒤인 1998년 1월엔 이 수치가 4.7%로 튀어 올랐다. 집계 이래 최대치였다. 같은 시기 한 달 만에 무려 3,300여 개의 기업이 줄도산한 여파였다. 실업률 수치는 1999년 2월 8.8%로 최고치를 경신하며 경제위기의 상흔을 깊게 남겼다.

가계와 기업의 소득 수준이 급격히 위축되고 건설 시장이 얼어붙자 부동산 자산 가격도 크게 하락했다. 당시 뉴스 헤드라인은 "수도권 땅값 최고 30% 하락", "시세 반값 급매물 쏟아진다" 등으로 도배됐다. 1998년 2월 언론 보도에 따르면, 당시 주요 아파트 단지에서 30평형 아파트는 시세보다 3,000만~7,000만 원 싼 가격에 급매물로 쌓여 있었다. 서울 강남 도곡동의 한 아파트 31평형이 시세보다 3,500만 원 싼 2억 1,000만~2억 4,000만 원에 거래되는가 하면, 서울 송파 방이동의 45평형 아파트는 시가보다 6,000만 원 싼 3억 4,000만 원에 나왔다. 그해 1년 동안 전국 주택매매 가격 지수는 12.6%, 전세보증금은 18.4% 폭락했다.

김대중 정부는 폭락한 국내 부동산 시장을 떠받치기 위해 각종 규제를 풀었다. 외국 자본이 국내 부동산을 살 수 있도록 허용해줬고, 미분양 아파트 문제를 해결하겠다며 다주택자의 양도세 중과를 한시적으로 면제하는 혜택도 줬다. 현금을 많이 가진 부유층에게 '지금이 집을 살 기회'라고 등을 떠민 셈이다.

또 하나의 변수는 바로 금융시장 개방이었다. IMF가 우리나라에 구제금융을 공급해 '급한 불'을 꺼주는 대신 제시한 4대 부문 구조조정(금융·기업·노동·공공부문)의 일환이었다. 이 과정에서 우리나라에 주택담보대출이 본격적으로 활성화됐다. 이전까진 부동산 부문에 대출 규제가 있었기 때문에 주택 관련 대출은 정부가 지정한 기관에서만 가능했다. 주택은 빚을 내서 투자 개념으로 매매하는 대상이라기보단 실물 자산으로서 거주지로 인식됐던 것이다. 그러나 주담대를 받기 쉬워지면서, 담보대출을 통해 주택이 곧 자금 유동성이 되는 시대가 열렸다. 주택대출채권유동화MBS, 부동산투자회사REITs 등의 제도도 이 시기에 국내에 소개됐다.

세부적인 흐름을 살펴보면, 가장 먼저 우리나라 주택 금융기관이던 한국주택은행(현재의 KB국민은행)이 1997년 8월 민영화됐다. 이어 1998년 1월엔 부동산에 대한 금융기관의 대출을 제한해온 한국은행 여신관리규정이 폐지됐다. 1999년 7월엔 금융산업 진입 제한이 완화되고 업무영역이 확대됐다. 시중은행들이 부실 위험이 낮아 안정적으로 수익 창출이 가능한 주담대를 본격적으로 취급하기 시작하게 된 것이다.

이런 제도들의 여파로 1999년부터 주택 가격은 상승세로 반전했다. 2001년부터 강남권 아파트를 중심으로 주택 가격이 급격히 올

명목 GDP 변동률과 부동산 가격 변동률

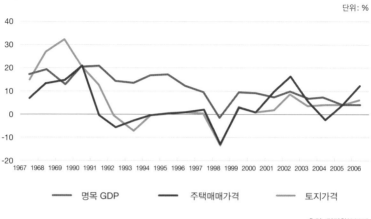

단위: %

명목 GDP ─── 주택매매가격 ─── 토지가격

출처: 김경환(2007)

라 2002~2003년에는 주택매매 가격 상승률이 GDP 증가율을 넘
어서기에 이르렀다. 돈이 돈을 만들어내는 금융 시장에 국내 부동
산이 본격적으로 편입되면서, 본격적으로 주택 가격에 거품이 끼기
시작한 것이다. 그 거품은 지금까지 꺼지지 않고 계속해서 부풀고
있다.

노무현 정부, 천정부지로 치솟는 부동산

2003년 2월 출범한 노무현 정부의 당면 과제는 '집값 안정'이었
다. 김대중 정부의 부동산 규제 완화가 외환위기 극복을 위한 불가

피한 선택이었는지 아니었는지 판단을 떠나, 결과적으로 부동산 가격은 치솟았다. 특히 서울 강남 등 일부 지역에 수요가 몰린 이유는 '투기' 때문이란 게 노무현 정부의 분석이었다. 이에 노무현 정부는 '주택 관련 정책을 경기 부양 수단으로 활용하지 않겠다'는 원칙 하에 정책을 폈다.

노무현 정부의 부동산 정책은 '강남 집값과의 전쟁'에 초점을 맞추고 있었다. 강남 아파트 가격이 치솟으면서 다른 지역의 집값까지 덩달아 띄운다는 문제의식 때문이었다. 2006년 시민단체 경제정의실천시민연합(경실련) 자료에 따르면, 서울 강남권과 경기 성남, 용인, 과천 지역은 면적으로는 전 국토 중 1.7%를 차지할 뿐이었지만, 전국 아파트 가격 총액에서 차지하는 비중은 28%에 달했다.

이에 노무현 전 대통령 집권 시기에만 30여 건의 고강도 대책이 쏟아졌다. 부동산 실거래가격 신고를 의무화하고, 세금 부과도 실거래가를 기준으로 하는 체제가 이 시기에 정립됐다. 서민 주거 안정을 도모하기 위한 국민임대주택 건설도 추진됐다.

부동산 보유 정도에 따라 누진세를 적용한 종합부동산세도 이 때 도입됐는데, 과세 기준을 공시 가격 9억 원 이상에서 6억 원 이상으로 확대했다. 1가구 다주택 보유자에 대한 양도소득세 중과세, 고가주택 대출 제한 등 세금과 대출 규제를 동원해 투기 수요를 억제하고자 했다. 재건축에 대한 개발 이익 환수 등 공급 규제 정책도 실시됐다.

그러나 결과적으로 집값을 잡겠다고 나선 정부의 시장 개입은

노무현-이명박 정권의 서울 지역별 아파트값 상승률

단위: %

노무현 정부(2003년 2월~2008년 2월)

	종로	성북	중랑	서초	강남	송파	서울 평균
	25.6	25.8	27.3	79.4	79.9	82.8	▲56.6%

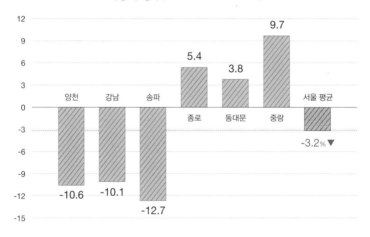

이명박 정부(2008년 2월~2013년 2월)

	양천	강남	송파	종로	동대문	중랑	서울 평균
	-10.6	-10.1	-12.7	5.4	3.8	9.7	-3.2%▼

'실패'로 돌아갔다는 것이 중론이다. 2003년 5.23 대책 등 굵직한 부동산 대책이 발표되면 일순간 거래가 줄면서 가격 상승이 둔화되는 듯한 모습을 보였지만, 그 시기만 지나면 가격이 치솟는 식이었

다. 노무현 정부 때 강남 아파트 가격 상승률이 약 80%에 달했다는 점은 두고두고 회자되는 역설이다. 강남에 매달렸던 정부 정책 탓에, 정책 목표와 정반대로 오히려 이 지역 부동산의 희소가치가 높아졌다는 평가도 나온다.

다만 2000년대 초반은 우리나라뿐 아니라 전 세계적인 주택 가격 폭등 시기였다는 점을 간과해선 안 된다는 시각도 있다. 도시계획·부동산 분야 전문가인 김경민 서울대 환경대학원 교수에 따르면, 오히려 2000~2006년 시기 우리나라의 주택가격 지수는 G20 국가들의 주택가격 지수 평균치보다 낮았다. 당시 우리나라는 일본·독일·인도네시아에 이어 네 번째로 부동산 가격이 덜 오른 나라였다는 것이다. 일본과 독일이 각각 1980년대, 1990년대 주택시장 버블 붕괴 여파로 경기 부진 상황이었던 점을 감안하면 한국의 주택가격 상승폭은 비교적 작은 축에 속했다는 게 김 교수의 주장이다.

이명박 정부, 띄우고 싶어도 침체된 부동산 시장

진보 성향인 노무현 정부 시기, 집값을 안정화시켜 주택의 공공 부문을 확대하겠다는 야심찬 목표는 정부의 강력한 시장 개입으로도 결국 이뤄내지 못했다. 그런데 역설적으로 2008년 보수 정권이 집권하자마자 부동산 시장은 침체의 길로 접어든다. 집값을 잡으려

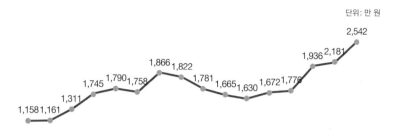

서울시 아파트 평당(3.3㎡) 가격 추이

단위: 만 원

2,542

1,866 1,822

1,936 2,181

1,745 1,790 1,758

1,781

1,672 1,776

1,158 1,161

1,311

1,665 1,630

2003 2004 2005 2006 2007 2008 2009 2010 2011 2012 2013 2014 2015 2016 2017 2018

출처: 부동산114

던 정권은 끝내 집값을 잡지 못했고, 집값을 띄우려던 정권은 끝내 침체에서 벗어나지 못했던 셈이다.

이명박 정부가 맞닥뜨린 암초는 미국에서 시작돼 2008년 말 전 세계에 먹구름을 드리운 '글로벌 금융위기'였다. 2009년 평당 1,866 만 원이던 서울 아파트 가격은 글로벌 금융위기 여파로 2013년 평 당 1,630만 원까지 떨어졌다가 이후에야 반등했다. 즉 서울 아파트 가격이 다시 상승세로 올라선 것은 다음 정권이었다는 얘기다.

미국발 글로벌 금융위기의 원인으로 '주택 거품 붕괴'가 꼽히는 터라 주택 시장 붕괴는 곧 걷잡을 수 없는 경제위기로 전이될 것이 라는 공포감이 커졌다. 당시 미국에서 무차별적으로 행해진 주택담 보대출과 이 대출채권을 유동화한 증권 발행이 거품을 키우다 무너 졌던 것이다.

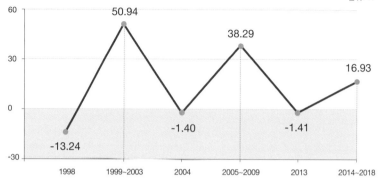

단위: %

출처: 국민은행, 한국감정원

이명박 정부로서도 주택 거래 활성화와 주택담보대출 건전성 강화를 위해 집값 띄우기에 팔을 걷어붙일 수밖에 없었다. 전 정권에서 강화된 부동산 규제를 완화하는 등 20차례에 달하는 크고 작은 부동산 대책이 나왔다. 예를 들어 종부세 과세 기준을 6억 원 이상 주택에서 종전의 9억 원 이상으로 되돌려 놓았다. 세율도 전 정부에서 1~3%이던 것을 0.5~2%로 절반가량 낮췄다. 2008년 11.3 대책으로 강남 3구를 제외한 지역에 대한 투기과열지구 지정을 해제했고, 강남 3구에 대한 투기지역 지정마저 2012년 5월 해제했다. 임기 중 재건축 용적률을 상향 조정하는 등 관련 규제도 대폭 완화했다.

그럼에도 집값은 쉽게 오르지 않았고 건설·건축 시장 위축도 장기화했다. 특히 주택 가격 하락은 주택담보대출의 부실로 이어졌고, 이른바 '하우스 푸어'가 사회 문제로 대두됐다. 하우스푸어란 '집을 가진 가난한 사람'이라는 뜻으로, 집은 보유하고 있지만 무리한 대출로 인한 원리금 상환 부담 때문에 빈곤하게 사는 사람을 일컫는 말이다.

이처럼 부동산 경기 부양에 실패한 원인 중 하나로는 이명박 정부의 '오락가락' 정책이 꼽히기도 한다. 이 정부가 '규제 완화'에만 집중했다는 세간의 평가와는 다르게, 실수요자 위주의 주거 안정을 위해 정책 방향을 수정했기 때문이다. 예를 들어 2010년 8.29 대책에선 무주택 및 1가구 주택자 대출에 총부채상환비율DTI 규제를 한시적으로 완화했는데, 이듬해인 2011년 3.22 대책에서 바로 완화책을 종료, DTI를 원래대로 강화했다. 당시 8억 원대에 거래되던 강남 개포주공 1단지 49㎡가 6억 원 밑으로 급락하는 등 시장이 냉각됐다. 정부는 다급히 투기과열지구 해제, 다주택자 양도세 중과 폐지 등의 완화책을 썼지만 불 꺼진 아궁이를 데우는 건 역부족이었다.

박근혜 정부, "빚내서 집 사라" 가계 부채수준 역대급

박근혜 정부의 경제 정책은 2014년 당시 최경환 경제부총리 겸 기획재정부 장관의 성을 따 '초이노믹스Choinomics'라는 명칭으로 언론에서 회자됐다. 이 정책은 한 마디로 '빚내서 집 사라'는 말로 요약

할 수 있다. 주택·부동산 담보로 돈 빌리는 게 쉬워지는 환경을 조성해 내수 활성화와 소비 진작을 장려하겠다는 취지였다. 앞서 글로벌 금융위기 여파로 하우스푸어 문제, 역전세난 문제 등이 미처 해결되지 않은 상황이었기 때문에 전격적인 경기부양책을 도입한 것이다. 2013년 3%대였던 예금취급기관의 주택담보대출 증가율은 초이노믹스가 시행된 2014년 10.2%, 2015년엔 12%대로 급증했다.

박근혜 정부는 2013년 기존주택 양도세를 5년간 면제해주고 취득세율을 영구 인하한다는 등의 정책으로 부동산 규제 완화 방침을 정권 초기부터 명확히 했다. 앞선 정권들이 실수요자 주거 안정을 위해 잘 건들지 않았던 공공 및 민간 주택 공급 물량을 줄이면서 공급을 억제했고, 집값이 오르자 주택 시장 거래량도 늘기 시작했다.

특히 주택 투자 심리에 불을 지른 건 대출 규제 완화였다. 2014년 7.24 대책은 담보인정비율LTV과 DTI를 70%로 풀었다. LTV 70%는 주택 가격의 70%까지 대출을 받을 수 의미다. 단순하게 말해, 내 돈 3억 원만 있다면 은행에서 7억 원을 빌려 10억 원짜리 아파트를 내 소유로 만들 수 있다는 의미다. 2020년 현재 문재인 정부의 LTV가 40% 이하인 상황과 비교하면 그 차이가 와 닿는다.

이어 재건축 허용 연한 규제가 풀렸고, 재건축 초과이익환수제의 유예 기간이 연장됐다. 민간택지 분양가 상한제 탄력 적용, 청약 1순위 1년 단축 등의 정책으로 주택 시장 거래량이 늘었고, 분양 물량도 늘면서 부동산 경기는 활황을 띄었다. 임기 3년차인 2015년에 이르러 주택 시장이 완전한 상승세로 돌아섰다고 판단한 박근혜 정부는 서민과 중산층 주거안정을 위한 공공임대 확대, 행복주택 확대 등의 정책도 발표했다.

그러나 집값 상승에 따른 투기 수요 급증, 주담대 규제 완화에서 비롯된 가계부채 폭증 문제는 임계치에 다다랐다. 2015년 말 기준 가계부채는 1,344조 원에 달했는데, 미국발 금리인상이 시작되면서 서민들의 이자 부담이 가중되기 시작했다.

규제 완화를 통해 정권 초기 목표로 삼은 '부동산 시장 활성화'라는 소기의 목표는 달성했지만, 주택 시장이 과열되고 가계부채가 급증하면서 우리나라 경제를 무겁게 짓누르게 됐다. 박근혜 정부는 중도금 대출 보증 강화, 1순위 청약 자격 강화, 조정대상지역 전매제한 강화 등의 규제책을 뒤늦게 발표했지만, 문제 해결은 다음 정권인 문재인 정부의 숙제로 남게 됐다.

서울 부동산의 미래,
용산과 삼성 그리고 교통망

　서울 집값은 투기 심리 때문에 오를까 아니면 주택 공급 부족 때문에 오를까. 이 난제에 대해 문재인 정부는 '투기 수요로 인한 집값 거품'으로 이미 오래 전에 단정 지은바 있다. 이 때문에 최근의 6·17 대책을 비롯한 무수한 부동산 대책이 나왔다. 은행 등 금융권을 강력하게 옥죄는 대출 규제에 코로나 사태로 인한 경기 둔화까지 겹치면서 2020년 상반기 동안에는 서울을 중심으로 집값이 다소 안정됐다는 평가도 나왔다.

　그렇다면 포스트 코로나 시대에도 집값은 안정세를 유지할까. 수요 공급 원칙을 적용할 경우 공공 주도의 집값 억제는 결국 한계를 보일 것이라고 보는 시장 전문가들이 많다. 이들 전문가와 정부의 보이지 않는 기 싸움은 여전히 진행형이다.

　서울시는 "서울의 주택 공급이 부족하다는 건 전혀 근거가 없다"

고 주장한다. 유훈 서울시 주택건축본부장은 "박원순 시장이 취임한 2014년 전후 6년간을 비교하면 주택 공급량은 오히려 늘어났다. 공급이 부족하다는 의견은 통계적 사실과 전혀 부합하지 않는다"고 말했다. 그러면서 "집값이 오르는 건 투기 수요 때문"이라고 말했다.

그럼에도 공급 부족 논란은 끊이지 않았고, 2018년 정부는 경기도 남양주·하남 등지에 3기 신도시를 개발해 30만 가구를 공급하겠다고 나섰다. 여기에 더해 2020년에는 용산 철도정비창 8,000가구 등 서울 도심에서 주택 7만 가구를 공급하는 방안을 들고 나왔다. 분양가·대출 규제 강화로 수요를 억제한 만큼 이제는 지속적으로 흘러나오는 '공급 부족 프레임'을 깨 집값 안정세를 이어가겠다는 의지다. 국토부 역시 "집값을 끌어올리는 것이 투기 수요라는 정부의 판단에는 변함이 없다"고 했다.

용산 미니 신도시 파급력은

그러나 공급 부족을 '프레임'으로 치부하기엔 너무나 명백한 증거가 있다. 주택 공급 물량을 가늠할 수 있는 주택 인허가 물량은 2017년(11만 3,131가구) 정점을 찍은 후 2019년까지 2년 연속 줄었다. 2019년 주택 인허가 물량은 6만 2,200여 가구로, 2017년보다 44% 급감했다. 2009년 3만 6,000가구 이후 10년 만에 가장 적었다. 주택 인허가 물량이 이처럼 확 줄어든 것은 아파트 물량이 감소했기 때문이다. 2017년에는 7만 4,984가구가 인허가를 받았지만, 2019년에는 3만 6,220가구에 그쳤다.

결국 정부는 주택 공급 부족이라는 지적에 대해 답을 내놨다. 잠자던 용산을 깨우겠다며 서울 중심에 미니 신도시 개발 계획을 발표했다. 강남이 환골탈태한 이후 서울에선 용산이 그 뒤를 이을 것이란 예상이 많았다. 서울 남산을 뒤로 하고 한강을 내려다보는 용산은 개발업자나 집을 마련하려는 실수요자 모두에게 환영받을 만한 지역이었다.

당초 서울시 주도로 용산의 대규모 개발 개획이 '발표→추진→표류' 등을 반복하면서 기대만큼의 변화가 보이지 않았지만, 2020년에는 결국 정부도 개발 압박에 굴복하고 말았다. 바로 2020년 5월, 서울 용산역 철도정비창 부지에 8,000가구 규모의 미니 신도시를 건설하는 주택 공급 확대 계획을 내놓은 것이다. 이에 따라 용산이 앞으로 뜰 것이란 기대감이 커지고 있다.

이번 대책과 함께 용산이 주목받는 것은 역시 교통 인프라 덕분이다. 일단 서울 중심부에 있고 한강과 가까우며 강남·강북을 오가기 편한 입지다. 서울 지하철 1·4호선, KTX가 주변을 지나며 신분당선도 2025년 개통될 예정이다. 여의도 면적보다 넓은 용산민족공원도 개발을 준비 중이다.

이러한 최적의 입지 덕분에 용산 집값은 그동안 강세를 보였다. 용산은 2018~2019년 이른바 '마용성(마포·용산·성동)'으로 불리며 서울 강북권의 집값 상승세를 이끌었다. 3.3㎡당 아파트 가격이 4,562만 원(2020년 4월 말 기준, KB부동산)으로 강남구(6,613만 원)와 서초구(5,742만 원)의 뒤를 이었다. 강남 3구로 묶이는 송파구(4,497만 원)보다도 비싸다.

미니 신도시 계획 발표 이후 중개업소에선 이 지역 인근 집값이 곧바로 수천만 원 이상 뛰었다고 입을 모았다. 특히 이번 개발을 토대로 그동안 좌초됐던 용산 국제업무지구 계획이 다시 추진될 수 있다는 기대감에 이 지역 집값은 수직 상승할 것이란 예상이 쏟아지고 있다.

이처럼 주위의 반대에도 불구 정부가 서울 한복판을 개발하겠다고 나선 것은 집을 찾는 사람이 있는 한 아파트 공급은 꾸준히 계속돼야 하기 때문이다. 서울의 주택유형(2018년 통계청)을 보면, 아파트 58%, 연립·다세대 30%, 단독주택 11%, 비거주용 건물 내 주택 1% 등으로 구성돼 있다. 아파트가 압도적으로 많다. 상품성과 환금성을 두루 갖춘 데다 최근 첨단 보안 시스템까지 갖춰 안전하기까지 하다. 경기도의 경우 아파트 비율이 68.6%에 달한다. 경기도에 들어선 신도시 대부분이 아파트로 개발됐기 때문이다.

대부분 다세대 거주자들은 아파트 거주를 원하고 있다. 결국 집이 있더라도 아파트 수요는 존재한다. 자가거주율이 높다고 아파트 선호도가 떨어지는 것은 아니라는 말이다. 바꿔 말해 서울의 아파트 비율이 경기도보다 10.6%포인트나 낮은 만큼 서울은 지속적으로 아파트 수요가 늘 것이라는 말도 된다. 이 때문에 용산을 중심으로 한 서울 미니 신도시 개발이 나온 것으로 분석된다.

3기 신도시는 집값에 어떤 영향 끼칠까

그동안 정부는 서울 집값 상승 요인이 될 중심지역 개발을 무서워했다. "사돈이 땅 사면 배 아프다"는 오랜 격언이 있을 정도로 남들이 부동산으로 부자 되는 것에 대해 거부감이 심한 국내 정서상, 서울 개발에 나설 경우 정치적 역풍을 피하기 어렵다. 이는 진보 성향이나 보수 성향 정부 모두 마찬가지였다. 이에 따라 이들 정권은 모두 상대적으로 거부감이 덜한 수도권 신도시 개발을 통해 비난 여론을 잠재우기에 급급했다. 모두가 원하는 서울 중심부 개발을 소홀히 하면서 변죽만 잔뜩 올린 셈이다.

향후 10년 내 공급될 택지지구로는 3기 신도시가 있다. 남양주 왕숙신도시, 하남 교산신도시, 인천 계양신도시, 고양 창릉신도시, 부천 대장신도시 등 5곳이다. 여기서 17만 3,000가구가 쏟아질 예정이다. 여기에 중소택지에서 나오는 12만 7,000가구까지 포함해 문재인 정부에선 수도권 30만 가구 공급을 부동산 시장 안정 대책으로 내세우고 있다.

그러나 30만 가구의 절반 정도는 어느 정도 예정된 물량으로, 신도시 대책에 슬쩍 포함된 그야말로 '숫자'에 불과하다. 수도권 2기 신도시에서 55만 가구가 나왔다는 점을 감안하면 이번 3기에 나오는 실제 아파트 공급 물량은 2기의 3분의 1 수준에 그친다. 게다가 입주 자체도 2027년으로 너무 늦다. 하루 빨리 내 집 마련을 꿈꾸는 사람들에겐 너무나 먼 미래다.

신도시 입주 시기를 보면 1기는 1993년부터 이뤄졌고 2기는 2009년, 3기는 2027년이다. 1기와 2기 사이에 16년의 시차가 있었는데 2기와 3기 사이는 18년이다. 입주 간극이 벌어져 공급 효과가 많이 떨어진다. 정치적 이슈에 따라 왔다 갔다 하는 주택 공급 계획은 서민들에게 절망만 안겨줄 뿐이며 그나마도 그 공급량이 적다는 문제점이 지적된다. 공급량이 적다는 것은 부동산 시장 상승의 전조다.

이제는 향후 어디가 개발돼 집값이 오를지 예상해야 한다. 실수요자라면 해당 지역을 미리 선점해 집값에 드는 비용을 줄여야 하며 투자자라면 투자시기를 잘 잡아 수익률을 극대화할 필요가 있다.

교통망은 부동산 투자의 핵심이다

"돈이 지나가는 길에 투자해야 한다"는 부동산 속설이 있다. 이러한 속설에 대입하기 적합한 GTX(광역급행철도) 라인이 나왔다. GTX 노선에 따라 인근 아파트는 가격 상승 압력을 받게 된다. GTX는 시속 평균 100km, 최고 200km로 일반 전철보다 2배 빠른 철도다. 이 같은 철도는 노선이 만나는 환승역이 중요하다. GTX

A·B·C 노선에는 3곳의 환승역이 생기는데 서울역, 청량리역, 삼성역이다.

서울역은 GTX 1정거장인 용산역과 함께 전국 철도망의 중심지다. 서울역과 용산역은 유기적으로 연결돼 한 몸 같다. 서울역 인근 북부역세권 개발에 관심이 쏠린다. 코레일이 소유한 3만㎡의 부지에 국제회의시설, 호텔, 오피스, 문화시설 등이 잔뜩 들어간다.

용산역도 KTX, 1호선, 4호선, 경의중앙선, 경춘선, 신분당선 등이 거미줄처럼 연결돼 있다. 용산역은 미니 신도시 개발 호재에 국제업무지구 조성, 용산전자상가, 용산공원 등과 각종 개발 사업이 어우러져 최고의 알짜 지역으로 부상 중이다. 사실 국제업무지구는 몇 곳으로 분할 매각된 뒤 개발이 이뤄질 예정이라 아직 변수가 많다. 다만 면적이 축구장 60개 면적에 맞먹을 정도여서 일단 개발만 되면 강북 최대 중심지로 발돋움할 것으로 보인다.

GTX C 노선의 청량리역, 광운대역, 창동역은 이 노선의 중심지다. 창동역 인근으로는 광운대 역세권이 주목받고 있으며 HDC현대산업개발이 사업자로, 2조 6,000억 원 규모의 복합 개발이 추진 중이다. 청량리역 주변 재개발도 주목할 만하다. 이미 전농동 배후 지역과 서쪽 구역은 주상복합 건물이 들어서며 큰 변화가 진행 중이다.

삼성역 주변은 수도권 GTX의 핵심지역이다. 고양, 파주 등 수도권 서북지역과 분당, 동탄 등 동남지역까지 커버한다. 동북축으로 불리는 의정부, 청량리 일대와 서남축의 과천, 군포, 수원 일대까지 연결된다. 수도권 개발이 진행될수록 삼성역 주변이 뜰 기세다. 수도권에서 강남으로 접근할 때 먼저 삼성역에 닿아야 하기 때문에 삼성역의 제왕적 지위는 더 강화될 모양새다. 수도권 어디에서나 20여 분만에 도착할 수 있는 곳이 바로 삼성역이 된다.

삼성역은 지금보다 더 발전하게 된다. 기존 전시업체에서 제왕적 자리를 누리는 코엑스에 더해 현대차 글로벌비즈니스센터, 잠실운동장 마이스(전시산업) 복합단지 등이 대거 들어선다. 현대차 센터는 2026년 완공될 수 있도록 서울시가 인허가를 냈다. 유동인구와 역량이 총집결되면서 삼성역이 강남의 확고부동한 중심지로 뜰 것이라는 게 주변 중개업자들의 공통된 의견이다.

반대로 강남 중심지에서 수도권으로의 원활한 이동이 가능해지면서 GTX가 서울에 쏠린 집중화 현상을 수도권 등 외곽으로 분산시킬 것이란 예상도 있다. GTX는 기존 A·B·C 노선에 이어 D 노선까지 발표됐다. D 노선은 2019년 10월 대도시권광역교통위원회에서 '광역교통 비전 2030'을 통해 구체화됐다. 수도권 서부권에서 강남권을 거쳐 동부권으로 연결될 것으로 예상된다. 추정 노선은 경기도 김포, 인천 검단신도시에서 강남역, 삼성역, 잠실역, 하남 등이다. 교통 사각지대였으나 대규모 신도시가 건설된 김포 한강, 인천 검단·계양, 부천 대장 등 2기, 3기 신도시들이 D 노선을 통해 수혜를 받을 것으로 예상된다.

앞서 환승역을 중심으로 서울 GTX 주변이 뜰 것으로 예상했는데 수도권도 수혜 예상 지역이 많다. A 노선의 경우 파주 운정에서 시작되기 때문에 기점 효과가 있다. 출퇴근 시간을 1시간 이상 줄일수 있어 운정신도시가 곧바로 수혜 지역이 된다. 일산 킨텍스역 주변도 기대감이 부풀어 오르고 있다. 같은 1기 신도시인 분당과 비교할 때 많이 소외됐지만 GTX 효과로 반전을 노리고 있다.

GTX B 노선 서쪽 종점은 인천 송도로, 다시 한 번 집값 상승이예고됐다. 경제자유구역인 송도는 산업과 주거, 교육 등이 모두 갖춰진 곳으로 이미 경쟁력을 갖췄다는 평가다. B 노선이 개통되면송도는 여의도까지 4정거장, 서울역은 6정거장만 가면 도착한다.접근성이 좋아져 다시 한 번 부동산 시장 호재로 작용할 전망이다.

이 노선의 최대 수혜지 중 한 곳이 남양주 일대다. 별내, 왕숙, 평내호평, 마석 등 4개 역이 위치한다. 2023년께 지하철 8호선 별내선이 연결되고, 4호선도 개통되면 교통 여건이 크게 좋아진다. 별내역의 경우 청량리역에서 C 노선으로 환승할 경우 삼성역까지 3정거장이면 갈 수 있다. 왕숙역의 경우 3기 신도시 계획상 인근에 6만6,000가구나 들어서기 때문에 주목받는 역이다.

GTX C 노선에서 수원역은 남쪽의 종점이다. 수원에서 삼성역까지는 22분가량 소요될 것으로 보인다. 그동안 여러 번 환승을 해야 강남으로 갈 수 있었는데 앞으로는 환승 없이 20분대 도착이 가능한 셈이다. 신분당선 호매실역까지 연장되면 수원 서남부지역의교통 편리성이 더욱 올라갈 전망이다.

이처럼 GTX는 '기존 전철보다 2배 빠른 속도'라는 장점 덕분에인근 지역을 크게 변화시킬 호재다. GTX를 통해 수도권 전체가 하나가 되면 인구 분산 효과가 자연스레 진행될 것으로 보인다. 일부에서 걱정하는 집값 급등보다는 오히려 집값 안정화에도 도움이 될 것이란 분석이다.

앞으로도 철도 및 지하철이 많은 역할을 할 것이다. 이에 따라 서울시 도시철도(경전철)는 또 다른 인근 지역 호재다. 도시철도는 기존 전철 및 지하철과 달리 비교적 단거리를 운행하며 지하철 등이 다니기 어려운 곳이나 노선 자체가 없는 틈새를 메우는 감초 역할을 한다. 기본적으로 2~3량으로 운행된다.

서울시에서 최종 선정한 노선은 12개로, 2020년까지 대부분 완공된다. 신림선, 동북선, 면목선, 서부선, 우이신설연장선, 난곡선, 목동선, 강북횡단선, 9호선 4단계 연장, 5호선 중전철, 위례신사선, 위례선이 주인공이다. 이중 주목되는 곳이 목동선이다. 노선은 화곡로 입주 교차로~신월사거리~신월정수사업소~과학수사연구소~강월초교입구~서부화물터미널~신트리공원~양천구청~오목교역~SBS방송국~월촌중학교~당산역 구간으로 12개 역이다.

이 같은 도시철도 효과는 이들 역 주변의 아파트나 오피스텔 가격을 크게 끌어 올렸다. 실제 오목교역 인근 주거용 오피스텔 한 곳은 최근 1년 새 2배 가까이 급등했다. 그동안 집값이 저렴했고 도시철도 건설 기대감에 더해 아파트 대비 부동산 규제가 약했기 때문이다.

서부선의 경우 충암고~명지대~연세대앞사거리~신촌역~여의도성모병원~서울대입구 등으로 구성돼 이른바 '명문대 도시철도'다. 남쪽 종점은 서울대정문 신림선과 연결되며, 북쪽 종점은 고양선으로 연장될 예정이다. 그동안 철도 소외지역이었는데 지역발전 개선효과가 크게 나타날 것으로 전망된다. 특히 서울대에서 여의도까지 연결돼 신림선과 함께 상호 보완 작용이 뛰어나다는 평가를 받는다. 여의도가 중심지로 격상할 수 있다는 의견이 나온다.

잠자는 재건축 시장,
결국 눈 뜰까

'동학 개미 운동'이 과거 '바이코리아 펀드 열풍'을 회상케 한다면 9·13 대책, 12·16 대책, 6·17 대책 등 2019~2020년의 잇따른 부동산 규제는 15년 전 참여정부의 8·31 부동산 대책을 연상케 한다.

2004~2005년 부동산 시장은 그야말로 거품이 절정을 이루던 시대였다. 매달 강남과 목동의 집값이 1억 원씩 오르던 부동산 급등기였다. 2005년 정부는 부랴부랴 8·31 대책을 내놓기에 이른다. 당시만 해도 역대 정부 부동산 대책 중 가장 강력한 처방전이었다. 8·31 대책은 종합부동산세 과세 대상 확대, 종부세 가구별 합산과세, 양도세율 중과 등 강력한 규제를 담고 있다.

이 규제의 설계자는 김수현 전 청와대 정책실장이다. 그런데 이 사람이 문재인 정부에서 또 다시 부동산 규제라는 중책을 맡았다. 역사는 돌고 돌아서 다시 제자리로 온 것이다. 그 나물에 그 밥이다. 비슷한 정책이 기본에 깔려 있는 가운데 1주택자까지 잡겠다며 비싼 집은 아예 처다보지도 못하게 하고 있다.

그의 정책은 먹힐까. 15년 전만 해도 믿었다. 당시 부동산 전문가들조차 강남 집값이 큰 폭의 조정을 거치며 안정화될 것으로 봤다. 그런데 현실은 어떤가. 분명한 건 서울의 주요 집값은 모두 15년 전보다 올랐다는 사실이다.

동굴의 우상은 F.베이컨이 플라톤의 《국가론》 제7권 중 소크라테스가 말한 '비유(比喩)'에서 인용한 용어다. 동굴 속에 있는 사람들이 동굴 밖 세상을 보지 못한다는 것이다. 동굴은 각자가 믿고 싶은 편견이나 아집이다. 사람들은 스스로 동굴을 떠나 넓은 세상을 경험할 수 있지만 굳이 그런 귀찮은 일을 하지 않고 믿고 싶은 대로 믿는다는 사실이다. 2020년 코로나를 겪으면서 사람들은 너도나도 동굴 속에 웅크리고 앉았다.

동굴 속을 나와 부동산 대책이나 정부 정책을 짠 사람들의 실상을 마주해보자. 15년 차이로 정부의 최대 부동산 대책을 설계한 김수현 실장이 소유한 과천 아파트는 12억 원이 뛰었다. "모든 국민이 강남에 가서 살 필요는 없다"며 국민들을 자극했던 장하성 전 청와대 정책실장의 잠실 아파트는 7억 원 이상 불어났다. 정부 1급 이상 고위공직자의 30%가량이 강남 3구에 집을 갖고 있다. 2020년 총선에서 강남3구는 대놓고 야당을 찍었지만 '진보'를 부르짖는 여당 의원들은 너도나도 강남에 보금자리를 틀었다. 이들 진보 성향의 1급 공무원의 47%가 다주택자다. 이 사람들의 부동산 대책이 먹힐 것이라 판단하는 것은 '동굴 속 착각'이다.

집값이 잡히지 않고 서울 지역 부동산이 꿈틀대자 2006년 노무현 대통령은 '강남 아파트 명품론'을 거론하며 사실상 항복 선언을 한다. 어쩌면 고위 공직자 중 가장 솔직한 발언이었을 것이다. 놀랍게도 이후 집값이 잡힌 계기는 국내 부동산 대책이 아닌 2008년 미국발 금융위기였다. 이후 보수 정권에서 수도권 중심으로 공급이 늘어나고, 규제가 풀리면서 되레 집값은 안정세를 찾는다. 문재인 정권은 역대 정권에서 가장 집값이 많이 오른 때로 거론될 것이다. 이 때문에 1주택자 집 수요까지 막은 초강력 규제가 연이어 나왔다.

앞서 언급한 대로 15억 원이 넘는 초고가아파트를 사고 싶어도 은행에선 주택담보대출을 한 푼도 받을 수 없다. 이보다 싼 집들도 대출이 기존보다 절반 수준으로 급감했다. 결국 현금 부자들만 강남 아파트를 살 수 있는 시대다. 강남엔 누가 있더라. 질문을 따라가다 보면 동굴에서 탈출할 수 있다.

모든 교통망과 맛집, 경제적으로 부를 이룬 이웃들, 세계 최고 수준의 학원가가 몰려 있는 그곳. 물론 정치적 성향이 진보 쪽이라면 그곳에 사는 게 불편할 수도 있다. 2020년 4월 총선에서 강남 사람들(강남·서초·송파)은 보수 성향 후보들에게 몰표를 줬다. 그곳만 색깔이 달랐다.

그러나 우리는 정치인들의 이율배반을 그동안 꾸준히 목격해왔다. 성향이 달라 불편한데도 그곳에서 한 발자국도 나가지 않는 그들을 목격해왔다.

부동산 대책 효과로 강남 집값이 단기적인 약세를 보이기도 했다. 서울 아파트 매매 가격은 2020년 4월 0.17% 하락했다. 2019년 5월(-0.04%) 이후 11개월 만에 하락 전환한 것이다. 강남, 서초, 송파 등 강남 3구는 -0.63%을 기록해 2012년 11월(-0.63%) 이후 8년여 만에 월간 기준으로 가장 큰 하락폭을 기록했다.

이 같은 수치는 공신력이 높은 편인 부동산 전문업체 부동산114에서 나온 수치다. 이 업체의 윤지해 수석연구원은 "2019년 12·16 대책으로 자금출처 조사에 더해 시가 15억 원을 초과하는 아파트에 대한 주택담보대출이 전면 금지된 이후 서울 강남권이 직격탄을 맞은 결과"라고 풀이했다.

대치동 은마아파트는 12·16 대책 발표 이후 4월까지 1억 3,000만 원에서 1억 4,000만 원 떨어지며 변동률 기준으로 6~7% 하락했다. 같은 시기 강남구 개포동 개포주공6단지와 압구정동 신현대 등이 1억 1,500만 원~2억 7,000만 원 떨어졌다. 서초구는 반포동 주공1단지, 반포자이, 아크로리버파크반포 등 유명한 단지들이 7,500만 원~1억 5,000만 원 하락했다. 송파구는 잠실동 주공5단지, 잠실엘스, 신천동 잠실파크리오 등이 6,500만 원~1억 7,500만 원 떨어졌다.

당시 이 같은 급매물이 강남 부동산 시장을 대세 하락으로 이끌 것이란 의견도 있었다. 양해근 삼성증권 부동산전문위원은 "코로나로 인한 경기 위축과 그동안의 집값 상승에 대한 피로감, 여당의 압도적인 총선 승리로 인한 재건축 기대감 하락과 보유세 부담 증가

우려 등을 고려하면 2020년 강남 집값은 약세로 전망된다"고 밝히기도 했다.

그러나 조심스럽게 단기 하락을 거쳐 다시 상승세를 탈 것이란 의견도 꾸준했다. 박합수 국민은행 수석부동산전문위원은 "최근 분양하는 아파트들은 주변 시세보다 최소 30% 이상 저렴한 가격이기 때문에 경기 둔화로 집값이 하락하더라도 상대적으로 부담이 적다. 서울은 물론 수도권 주요 도시와 대구나 부산 같은 광역시급의 분양시장은 모두 전망이 밝다"고 말했다.

결과적으로 6월 초를 기점으로 서울 아파트 가격은 9주 만에 상승전환했다.

코로나 이후 부동산 시장 향방은

코로나 이후 서울 강남을 비롯한 부동산 시장의 향방은 어떻게 될까. 코로나 사태 영향이 지속되는 상황 속에서 국토교통부는 전매제한 확대, 법인 규제 등 규제책과 소규모 재건축 확대 등 공급책을 병행해 내놨다. 2020년 6월부터는 다주택자 보유세 부담이 커지고 양도세 중과 유예기간이 만료돼 시장에 나오는 매물이 줄어들었다.

2020년 하반기 서울 부동산 시장에 대해 전문가들의 의견은 제각각이다. 이들의 전망은 크게 세 가지로 나뉜다. L자형(장기 침체),

U자형(완만한 회복), V자형(가파른 반등)이다. 단기적으로는 모두 어렵다는 예상을 내놨다. 그러나 중장기 전망은 회복이나 반등이 우세한 상황이다. L자형 전망은 집값 하락이 이어진다는 뜻이다.

코로나 사태 이후 서울 부동산 시장이 L자형 침체에 돌입할 것으로 예측하는 전문가들이 주목받고 있다. 정부의 강력한 부동산 규제와 더불어 코로나발 충격이 아직 부동산 시장에서는 가시화하지 않았다는 이유에서다. 아직 위기는 시작되지 않았으며 실물 경기 충격은 하반기로 갈수록 심해진다는 것이다.

집값은 이제야말로 안정 추세에 접어든다는 철학에서 나온 예상이다. 심교언 건국대 부동산학과 교수는 "코로나로 인한 초기 충격은 주로 여행업 쪽으로 왔다. 코로나 사태가 길어질수록 서울 부동산 매입에 대한 수요가 줄어 가격이 중장기적으로도 하락할 것"이라고 내다봤다. 심 교수는 이어 "부동산 가격이 오를 수 있는 유일한 요인이 유동성뿐인 상황에서 정부의 대출 규제가 강하기 때문에 집값 상승에 한계가 있을 것"이라고 예상했다.

증권가에서도 서울 집값에 대해 예의 주시 중이다. 코로나 사태 이후에도 풍부한 유동자금이 넘치는 가운데 이들은 주식 시장이나 부동산 시장을 기웃거리고 있기 때문이다. 일단 상반기에는 부동산 시장 침체로 많은 자금이 주식 시장으로 몰렸다. 이에 따라 코로나 사태 이후 폭락했던 코스피 지수도 회복해 5월 중 2000선을 회복했다. 코로나로 인해 바이오나 언택트주가 인기를 끌면서 개인 투자자들이 관련 주식을 대거 매수했다. 증권가에선 내심 부동산 시장이 장기 안정을 찾고, 이에 따라 증시로 더 많은 돈이 들어오길 희망한다.

L자형 흐름을 주장한 채상욱 하나금융투자 수석연구위원은 "수요 위축만이 가격 조정을 가져올 수 있는데 이미 각종 부동산 대책으로 고가 주택에 대한 수요가 줄었고, 아래 가격대 주택까지 순차적으로 수요가 위축되고 있는 모습이라 일단 서울 집값 안정 분위기가 조성됐다"고 말했다. 채 위원은 이어 "정부에서 향후 추가 수요 위축 방안을 내놓을 것으로 보고 있어 수요 위축으로 인한 가격 하락은 2020년 하반기에도 지속될 것"이라고 예측했다.

부동산 시장 전망에 대해 U자형으로 보는 전문가들은 한 목소리로 "집값은 다시 회복된다"고 예상한다. 두성규 건설산업연구원 연구위원은 "정부가 2020년 5월 6일 공급 대책을 내놓은 것이 서울 수급 상황에 대한 걱정과 우려를 드러낸 대표적 증거다. 하반기엔 서울 공급에 대한 기대감이 표현되는 시장으로 변하면서 빠르면 연말, 내년 1분기부터는 완만하게 상승할 것"이라고 밝혔다.

윤지해 부동산114 수석연구위원도 생각이 비슷하다. 윤 연구위원은 "경기침체와 정부 규제로 지금 당장 상승은 어렵지만 서울 아파트의 희소성은 여전하다. '똘똘한 한 채'라는 인식 역시 강하기 때문에 서울과 강남3구의 집값을 잡는 게 쉽지는 않을 것"이라고 전망했다.

그는 이어 "비수기인 7~8월 들어서도 서울 집값 하락세가 급격하지 않다면 서울 아파트에 대한 수요가 코로나, 경기침체, 정부 규제 등 모든 악재를 다 이겨내고 버텼다는 의미로 다소 긍정적으로 볼 수도 있겠다. 이 경우 향후에는 집값 상승에 무게를 두는 게 맞다"고 덧붙였다.

결국 '똘똘한 한 채 마련하기' 트렌드는 꺾이지 않을 것으로 봤다. 서울 강남 등 주요 지역에 집을 마련해 노후 거처를 확보하는 동시에 집값이 상승하면 여전히 훌륭한 재테크 수단이 된다는 뜻이다. 제로금리 시대로 인해 재테크 수단이 전무하고, DLF·라임펀드 등 각종 고수익 사모펀드들이 원금 손실 사태가 나면서 부동산을 통한 재테크는 여전히 유효하다는 믿음이 계속되고 있다.

특히 라임펀드 사태는 재테크 시장의 기본 원칙을 흔들고 있다. 통상 금융상품 등으로 종잣돈을 마련해 부동산을 통한 수익 극대화 코스가 하나의 재테크 원칙으로 통했는데, 이제는 부동산밖에 믿을 구석이 없다는 것이다. 라임펀드는 미국의 헤지펀드가 무역금융을 통해 대규모 사기 행각을 한 것이 드러나 대규모 원금 손실이 나타났다.

미국 무역금융 전문 투자사로 포장된 더인터내셔널인베스트먼트는 '폰지 사기(신규 투자자의 자금을 기존 투자자에게 이익으로 주는 다단계 금융사기)' 행각을 벌였다. 여기에 돈을 댄 라임펀드 운용사는 투자금을 되돌려 줄 능력이 안 돼 슬쩍 발뺌을 했고 은행 등 판매사들이 고객 손실 보상에 골머리를 앓고 있다.

어쨌든 은행에서 원금이 깨지는 상황이 발생하자 고객들의 사모펀드에 대한 신뢰도는 추락했다. 더 이상 은행 판매 상품도 안전하지 않다는 인식이 생겼다. 이 같은 상황에서 포스트 코로나 시대에 여전히 고수익을 원하는 고객들은 금융 상품보다는 부동산 시장에 대한 희망을 거두지 않고 있다.

V자형 회복을 논하는 전문가들은 한마디로 "서울 아파트 수요가 계속된다"는 낙관적 견해를 갖고 있다. 일부 전문가는 가격 상승을 예상하면서 속도는 U자형보다 더 빠를 것으로 내다봤다. 권대중 명지대 부동산학과 교수는 "상반기 나온 다주택자 매물이 상당히 적었고 서울 전셋값은 여전히 오르고 있다. 향후 1~2년간 다소 하락했다가 다시 급등하는 V자형 곡선을 그릴 것"이라고 밝혔다. 권 교수는 지속적인 저금리 상황과 풍부한 유동자금, 여전한 부동산 기대 수요가 합쳐져 집값 상승 요인이 충분하다고 보고 있다. 그동안 정부 규제에도 서울 집값이 크게 하락하지 않는 것도 이 같은 논리를 뒷받침한다고 봤다.

학계에 있는 부동산학과 교수들은 서울에 GTX, 소규모 재건축, 가로정비사업 등 크고 작은 개발 호재가 계속해서 나오고 있는 점도 집값 상승의 주된 근거로 제시하고 있다.

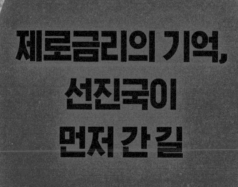

PART
4

제로금리의 기억,
선진국이
먼저 간 길

%

제로금리 시대
은행의 미래

코로나 사태로 경기 악화 가능성이 커지자 각국 중앙은행들이 경쟁적으로 금리를 낮추고 있다. 미국 연준은 기준금리(2020년 5월 기준)를 0~0.25%로 내렸다. 사실상 제로금리인 셈이다. 기준금리가 낮아지면 기업과 가계가 은행에서 저렴한 금리로 돈을 빌릴 수 있다. 금리가 낮을수록 투자와 소비 심리가 살아나 경기를 활성화한다는 게 기본적인 경제학 이론이다.

이미 상당수 국가들은 제로금리를 넘어 마이너스금리를 선택했다. 과거엔 마이너스금리라는 개념이 없었다. 금리가 제로(0) 밑으로 내려갈 수 있다는 상상을 하지 못했고, 정책 실효성이 검증되지 않았기 때문이다. 하지만 길고 긴 저성장에서 벗어나기 위해 덴마크가 2012년 처음 마이너스금리 실험에 나섰다. 유럽중앙은행ECB이 2014년, 스위스(2015년), 스웨덴(2015년 도입했다가 2019년 제로금리),

일본(2016년)도 뒤따랐다. 미국과 영국 등도 제로금리를 넘어 마이너스금리를 채택할 수 있다는 전망이 나온다.

금융상식을 무너뜨리는 마이너스금리

마이너스금리는 주로 중앙은행과 시중은행 거래에 적용하는 예치금 금리에 적용된다. 예치금 금리가 마이너스로 내려가면 시중은행이 중앙은행에 돈을 맡길 때 보관료를 내야 한다. 은행이 가계나 기업에 적극적으로 대출을 해줄 수밖에 없다.

마이너스금리는 금융 상식을 바꾸고 있다. 덴마크 위스케은행은 2019년 8월 10년 만기 주택담보대출에 -0.5%의 고정금리를 매긴 상품을 출시해 화제가 됐다. 1억 원을 빌리면 원금보다 적은 9,950만 원만 갚으면 된다. 반면 750만 크로네(약 13억 원) 이상의 돈을 은행에 맡기려면 매년 0.6%의 보관료를 내야 한다. 은행에서 돈을 빌리면 이자를 내고, 돈을 맡기면 이자를 받는 우리의 고정관념과 정반대인 셈이다. 이들 국가 사람들에겐 은행 예·적금 상품도 낯설다. 2019년 12월 저자가 북유럽 출장 때 만난 스웨덴 사람들은 입출금 통장과 연금 외 은행에서 금융상품을 가입하지 않았다.

마이너스금리를 도입한 국가들의 기대와 달리 현실은 녹록치 않다. 우선 마이너스금리 부작용 중 하나는 은행 수익성 악화다. 은행은 '예대마진(대출금리와 예금금리의 차이)'으로 돈을 번다. 마이너스금리로 이자 수익은 줄어들지만, 개인·기업에 마이너스 예금 금리를 적용하긴 어려워 예대마진이 줄어든다.

한국은행이 2020년 5월 기준금리를 0.5%로 낮추면서 우리나라 은행 수익성 역시 지속적으로 하락할 전망이다. 특히 우리나라 은행의 수익구조를 보면 이자이익 비중이 높고 비이자이익 비중이 낮아 저금리에 취약한 구조다. 한국금융연구원 〈제로금리 시대의 은행업 리스크와 대응과제〉 보고서에 따르면 미국·일본·캐나다 등 글로벌 은행들의 비이자이익 비중(30~50%)에 비해 국내은행 비이자이익 비중은 10~15%에 불과하다. 은행들이 자산 성장을 중심으로 영업하고, 무료로 금융 서비스를 제공하고 있기 때문이다. 실제로 제로금리나 마이너스금리를 채택한 국가 은행들이 계좌 서비스를 유료로 제공하는 것과 달리 우리나라 은행은 계좌 개설과 이체, 현금 입·출금 등 대부분 서비스가 무료다. 게다가 파생결합펀드DLF와 라임펀드 사태 등을 거치며 비이자이익 시장이 더욱 쪼그라들고 있다.

보험사 역시 제로금리로 '생존'에 위협을 느끼고 있다. 우선 기준금리 인하는 저축성보험 공시이율 하락으로 이어져 소비자들이 보험 가입을 꺼리게 된다. 보장성 보험도 마찬가지다. 게다가 보험사의 이차역마진(이익률이 고객에게 지급할 이자율을 밑도는 것)이 늘어나고, 변액보험 보증준비금 규모가 확대돼 수익성은 내리막길을 걸을 수밖에 없다. 한국금융연구원에 따르면 국내 생명보험사와 손해보험사의 2019년 9월 기준 운용자산이익률은 2010년 9월보다 각각

5.6%에서 3.5%, 5.10%에서 3.69%로 낮아졌다. 생명보험사는 과거 고금리 시대에 판매한 5%대 이상 확정금리형 상품이 큰 부담이다. 생명보험사 상품 가운데 확정금리형 상품 비중은 약 40%에 이른다.

보험사는 또 최저 보험금 한도를 보장하기 위해 변액보험 보증준비금을 적립해야 한다. 최근 들어 저금리에 주가 급락까지 겹치면서 보증준비금 적립액이 커져 생보사 수익성이 더욱 악화되고 있다. 일본도 1990년 중반 이후 저금리 때문에 7개 생보사가 연쇄 파산하기도 했다.

제로금리 정책으로 현금 사라진다

제로금리 정책은 '현금 없는 사회'로 이어진다. 제로금리로 풀린 막대한 현금 거래·보관 비용을 낮추고 현금이 생산적인 방향으로 흐르려면 '현금 없는 사회' 정책이 유리하다. 탈세가 원천 차단된다는 점에서 지하경제 양성화에도 유리하다.

1661년 유럽 최초로 지폐를 발행했던 스웨덴이 대표적이다. 스웨덴은 2023년 현금 없는 사회를 시작한다는 목표를 세웠다. 스웨덴 상점 상당수는 이미 현금을 받지 않는다. 스웨덴무역협회에 따르면 2019년 4월 기준으로 전체의 20% 넘는 가게가 아예 현금을 받지 않았다. 상점 주인이 손님이 주는 현금을 거절할 수 있게 법도 바뀌었다. 스웨덴 중앙은행인 릭스은행 조사 결과 '가장 최근 결제를 했을 때 현금을 사용했다'고 응답한 사람 비율이 2010년 39%에서 2018년 13%로 급감했다. 10명 중 1명만 결제 때 현금을 사용한다는 의미다.

2019년 12월 스웨덴의 30대 직장인 요엘 망누손은 현금으로 결제한 지가 5년이 넘어 새로 바뀐 화폐를 구분하기 어렵다고 말했다. 스웨덴 정부가 2015~2016년 새로운 크로나 지폐를 발행했지만 현금을 들고 다니지 않아 구화폐와 구분하기 어렵다는 것이다. 스웨덴에선 상점은 물론 대중교통 요금과 교회 헌금도 카드로 결제한다.

'현금 없는 사회'의 공백을 메우는 것은 핀테크 서비스다. 스웨덴 사람들 결제 수단은 오프라인에서는 '스위시', 온라인에서는 '클라나'라는 핀테크가 장악하고 있다. 스위시는 스웨덴 6개 시중은행이 모여 2012년 개발한 간편송금·결제 앱이다. 독일 통계 사이트 스타티스타에 따르면 2019년 2월 기준 스웨덴 총인구 중 69%(약 700만 명)가 이를 사용할 정도로 절대적이다.

온라인에서는 2005년 스웨덴에서 시작한 스타트업 클라나가 대표적인 결제 서비스 기업이다. 신용카드를 사용하지 않는 스웨덴에서 클라나는 할부 사업을 시작했다. 최근에는 마이크로칩을 피부에 이식해 디지털 리더기로 읽는 결제방식도 등장했다. 스웨덴 중앙은행은 2021년부터 현금 대신 디지털 화폐인 E크로나 발행도 검토하고 있다.

덴마크에선 모바일페이가 현금을 대체했다. 모바일페이는 덴마크 최대 은행인 단스케은행이 지난 2013년 선보인 앱이다. 은행 계좌가 있는 덴마크 국민이면 누구나 본인 모바일페이 번호를 부여받기 때문에 상대방 모바일페이 번호나 휴대전화 번호로 간편하게 송금할 수 있다. 덴마크 은행연합회에 따르면 2019년 3월 기준 모바일페이 사용자는 전 인구(약 577만명)의 83%에 달한다. 노숙자들의 기부와 거리공연을 하는 사람들도 모두 모바일페이로 받는다. 모자를 뒤집어 놓고 지폐나 동전을 받는 모습은 이제 책 속에서나 등장하는 이야기다.

영국도 2017년부터 체크(직불)카드 결제 건수가 현금 결제 건수를 앞질렀다. 대부분 결제 카드는 마그네틱이나 IC칩을 결제 단말기에 접촉하는 방식이 아니다. 우리나라 티머니 교통카드처럼 근처에 갖다 대기만 하면 결제가 이뤄지는 RFID 터치 방식이라 빠르고 간편하다. 250여 개 금융사가 회원사로 가입한 단체 UK파이낸스에 따르면 영국 성인의 10%, 만 25~34세의 17%가 한 달에 현금을 아예 쓰지 않거나 많아야 1번 정도 쓰는 '현금 없는 생활'을 하고 있는 것으로 나타났다. UK파이낸스는 2028년이면 현금 결제 비중이 9%로 떨어질 것으로 전망한다. 2019년 터치식 카드를 통한 결제 비중은 31%에 달해 영국 내 결제수단 중 1위를 차지한 반면 현금 결제 비중은 16%로 약 두 배 차이를 보였다.

네덜란드는 현금 결제 비중이 빠르게 줄면서 기존 결제 방식을 효율화하고 있다. 현지 최대 유통체인인 알버트하인은 현지 최대 은행 ING그룹과 제휴해 계산대가 없는 '알버트하인 투 고' 지점을 암스테르담 북쪽 도시 잔담에 열었다. 고객이 가판대의 해당 물품에 바로 카드나 스마트폰을 접촉하면 계산이 이뤄지는 '탭 투 고(Tap to go, 찍고 가다)' 방식이다

디지털화가 '금융 소외' 불러

현금 없는 사회가 빠르게 다가오면서 저소득층과 노년층의 '금융 소외' 우려도 제기된다. 신용카드나 스마트폰 페이 결제만 취급하는 가게가 많아지면서 여기에 익숙하지 않은 사람이 불편을 겪는다. 특히 신용도가 떨어져 은행 서비스를 제대로 이용하지 못하는 저소득층과 현금 결제에 익숙한 노년층이 취약하다.

유럽의 경우 고령층이 주로 의존하는 은행 지점이 급감하고 있다. 유럽은행연합EBF의 2019년 9월 발표에 따르면 유럽연합(EU) 28개국의 은행 지점은 2018년 말 기준 총 17만 4,000곳으로, 전년 대비 약 5.6%(1만 곳) 줄었다. 이는 2008년 금융위기 이후 가장 큰 감소폭이었다. 2008년과 비교하면 10년 만에 은행 지점의 총 27%(6만 5,000곳)가 사라진 것으로 추산됐다.

은행 지점과 자동화기기ATM가 빠르게 사라지면서 현금에 대한 접근성 자체가 떨어지는 것도 심각한 문제다. 영국 시민단체 위치에 따르면 2018년 1월부터 2019년 9월까지 무료 ATM 숫자는 5만 4,500개에서 4만 7,500개로 7,000개(13%)나 줄었다. 영국 시민단

체인 금융옴부즈맨서비스가 내놓은 '현금 이용에 대한 리뷰'에 따르면 영국 내 220만 명은 현금 결제만 고수하고, 연봉 1만 파운드(약 1,500만 원) 미만인 사람들 중 15% 이상은 현금만 사용하는 것으로 나타났다. 이보다 연봉이 높은 그룹의 현금 의존 비중은 2.5% 미만이었다.

스웨덴 정부도 이 같은 문제점을 우려해 은행에 현금 서비스 의무를 부과하는 법안을 내놨다. 스웨덴에 지점이 있고 700억 크로나(약 8조 7,000억 원) 이상의 예금을 보유한 시중은행은 무조건 현금 예금·인출 업무를 전국적으로 시행해야 한다는 내용이다. 만약 은행이 이 같은 의무를 지키지 않으면 스웨덴 감독당국은 은행을 제재할 수 있게 된다. 정부는 이 법을 2021년 1월부터 시행하도록 제안했다.

정부와 핀테크 기업이 혁신을 내세워 현금을 사용할 권리를 제한한다는 비판도 나온다. 스웨덴 국영 라디오 경제 방송 프로그램인 〈지갑〉에서는 온라인 핀테크 결제서비스인 클라나를 둘러싼 소비자들의 불만을 다루기도 했다. 온라인 쇼핑몰들이 클라나 없이 결제하는 방식을 숨겨두고 클라나 사용을 강제하고 있다는 것이다. 현금 없는 사회가 급속도로 진전된 스웨덴도 신기술에 대한 저항이 크다.

제로금리,
부동산 가격 안 오를 수가 없다

"여기도 투자할 곳은 가격이 치솟는 부동산밖에 없어요."

2019년 말, 네덜란드 수도 암스테르담 외곽 동남쪽, 대기업 건물이 모여 있는 베일메르메이르 지역에서 직장에 다니는 미하일 씨 (30)는 "저축은 하고 있느냐", "재테크는 어떻게 하느냐"는 물음에 이렇게 말문을 열었다. 그의 답은 대번에 "부동산"이었다. 그는 2015년 결혼하면서 은행 대출을 받아 25만 8,000유로(약 3억 3,400만 원)에 샀던 집을 2018년 37만 5,000유로(약 4억 9,000만 원) 넘는 가격에 팔고 이사했다. 불과 3년 만에 1억 5,000만 원 넘는 차익을 경험한 것이다. 그는 "주식은 리스크가 큰 데다 잘 알지도 못하고 금리가 낮은 은행 저축에는 관심이 없다. 실거주 주택이 유일한 투자처인 셈"이라고 말했다.

미하일 씨의 직장 동료이자 열 살, 여덟 살, 네 살배기 세 아이를 키우는 워킹맘 야니타 씨(40) 상황도 크게 다르지 않다. 야니타 씨는 2008년 금융위기 이후 집값이 떨어졌을 때 주택담보대출을 받아 주택 두 채를 샀다. 이후 집값이 반등하면서 운 좋게도 모두 차익을 남기고 팔았던 경험이 있다. 지금은 아이들을 위해 암스테르담 시내의 큰 집으로 이사했다. 야니타 씨는 "월수입에서 절반은 세금으로 내고 주담대 이자와 생활비 등까지 충당하면 저축할 여력이 없다"고 했다. 다만 그는 "대출을 다 갚으면 아이들에게 이 집만큼은 물려줄 수 있을 것이란 게 유일한 노후 대비"라고 말했다.

더구나 네덜란드에선 부모가 만 18~40세 자녀의 주택 구매·개조나 주담대 상환 때 비과세로 증여할 수 있는 돈의 규모가 2019년 기준 10만 2,010유로(약 1억 3,200만 원)까지 늘었다. 2011년 5만 300 유로의 두 배가 됐다. 네덜란드에서 공증 업무를 해온 마리아 씨(66)는 "최근 들어 부모가 자녀에게 현금을 상속·증여하기보다 집을 사주는 새로운 경향이 생겼다. 금리가 낮으니 현금보단 부동산이 낫다는 생각"이라고 말했다.

파리도 암스테르담도 제로금리에 집값 천정부지

이처럼 저금리가 장기화된 유럽 주요 국가에선 이미 부동산 투자가 유일한 자산 증식, 부의 되물림 수단으로 여겨지고 있다. 우리나라에서 서울 집값이 천정을 모르고 치솟듯 이들 나라에서도 주요

대도시의 집값 상승세가 최근 10년 동안 매우 가파르다. 우리나라는 강력한 부동산 규제로 집값을 잡으려는 시도가 정권마다 있었지만, 유럽 국가들은 시장 가격에 대한 개입이 우리나라만큼 강하지 않아 관련 규제마저 없다시피 하다.

네덜란드의 사례를 계속해서 보면, 네덜란드는 담보인정비율LTV이 100%를 넘어 집 한 채를 살 때 내 돈을 전혀 들이지 않고 전액을 주택담보대출로 충당할 수 있다. 거기다 초저금리로 인해 10년 만기 주담대 이자율이 연 1.7% 수준으로 매우 낮다. 우리나라 경상도 크기에 불과한 작은 땅 덩어리에 1,720만 인구가 살고 있고 이주자도 많다 보니 주택 공급은 늘 부족하다. 이쯤 되면 집값이 오를 수밖에 없는 구조를 타고 났다고 말할 수밖에 없다.

네덜란드 통계청CBS에 따르면 암스테르담의 2019년 말 평균 집값은 50만 7,475유로(약 6억 6,000만 원)에 달했다. 글로벌 금융위기 여파로 평균 집값이 바닥을 찍었던 2013년 2분기의 25만 2,982유로(약 3억 2,800만 원)과 비교하면 6년 만에 두 배가 뛴 셈이다.

이 같은 부동산 거품은 네덜란드 암스테르담뿐 아니라 독일 뮌헨과 프랑크푸르트, 영국 런던, 프랑스 파리 등 주요 도시를 덮친 지 오래다. 프랑스 파리는 유럽에서도 부동산 가격이 가장 비싼 도시로 꼽힌다. 파리의 아파트 평균 가격은 2019년 9월 ㎡당 1만 유로(약 1,318만 원)를 돌파해 역대 최고가를 경신했다. 평당 4,350만 원이 넘는다는 의미다. 2000년부터 2018년까지 파리의 월세는 약 40% 상승했다. 또 2019년 딜로이트의 〈부동산 지표〉 보고서에 따르면,

파리 시내 부동산 가격은 프랑스 전체 평균의 320%에 달했다. 영국 런던 역시 m²당 1만 유로(약 1,318만 원)를 넘어 파리에 이어 유럽에서 두 번째로 주택가격이 비싼 도시다. 체코와 네덜란드, 포르투갈, 스페인의 2019년 집값은 모두 전년보다 두 자릿수 이상 올랐다. 특히 체코의 오스트라바(30.3%)와 스페인 바르셀로나(29.7%)는 1년 만에 약 30% 가격이 오른 것으로 조사됐다.

유럽, '부동산 불패 신화' 깨진 적 없다

유럽의 부동산 불패 신화는 1950년대 이후 현대인의 상식처럼 여겨지고 있다. 선진국 대도시 대부분의 부동산 자산 가치는 물가 상승률을 뛰어넘는 높은 증가세를 보여왔다.

스위스의 글로벌 금융그룹 UBS가 발간한 〈세계 부동산 거품 지표〉는 글로벌 금융위기 이후 역사상 그 어느 때보다 폭등한 주요 도시의 부동산 가격을 잘 보여준다. 여기서 '거품'이란 부동산 자산가치가 적정가치보다 과도하게 높다는 의미에서 붙은 말이다. 이 거품은 터지기 전엔 증명할 수 없기 때문에 누군가는 '부동산은 무조건 오른다'는 믿음으로, 또 다른 누군가는 '언제 폭락할지 모른다'는 불안감으로 해석할 수 있는 부분이기도 하다. 다만 해당 지역의 소득 수준 추이, 주변 지역 주택가격·임대료 추이를 통해 거품 수준을 추산하는 방식으로 지표가 산출됐다.

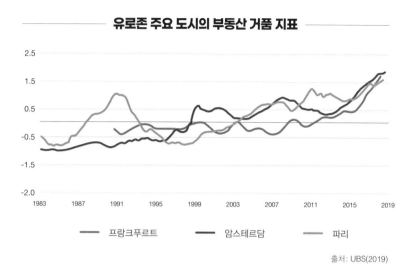

유로존 주요 도시의 부동산 거품 지표

- 프랑크푸르트　　— 암스테르담　　— 파리

출처: UBS(2019)

게다가 초저금리 장기화로 인해 부동산은 유일한 투자처가 됐
다. 예금기관 등에 돈을 묶어놓아봤자 이자 수익을 받기 어렵고 경
기 흐름상 주식 같은 위험자산 투자의 리스크도 높아지다 보니, 현
금 자산을 그대로 보유하거나 부동산에 투자하는 이들이 많아진 것
이다.

실제로 유럽중앙은행ECB에 따르면 2019년 10월 기준 유로존 국
가에서 단기예금 잔액은 6조 4,400억 유로(약 8,846조 원)로 장기예
금 잔액 1조 2,700억 유로(약 1,745조 원)보다 5배 이상 높았다. 2008
년 말 각각 3조 5,000억 유로(약 4,808조 원), 1조 8,000억 유로(약
2,473조 원) 수준이었던 것과 비교하면 단기예금이 폭발적으로 늘어
난 것이다. 이 기간 ECB의 대기성 수신금리는 2008년 10월 3.25%
에서 2019년 9월 현재 -0.5%로 추락했다.

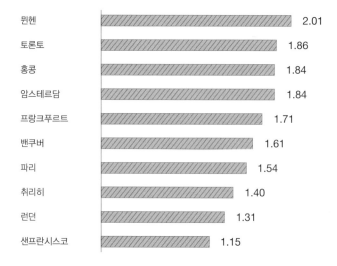

단위: %

도시	지수
뮌헨	2.01
토론토	1.86
홍콩	1.84
암스테르담	1.84
프랑크푸르트	1.71
밴쿠버	1.61
파리	1.54
취리히	1.40
런던	1.31
샌프란시스코	1.15

대출금리가 기준금리보다도 저렴한 덴마크

ECB는 2014년 처음으로 마이너스금리(시중은행이 중앙은행에 맡기는 예금 기준)를 도입했다. 이후 5년간 포르투갈·룩셈부르크·슬로바키아·아일랜드 등 일부 유럽 국가의 집값은 40% 넘게 올랐다. 그동안 스페인 마드리드, 스웨덴 스톡홀름과 암스테르담·프랑크푸르트 등 유럽 주요 도시의 집값은 30% 상승했다.

반면 노동자의 임금상승 속도는 더딘 편이다. 유럽주택연맹에 따르면 지난 1년 동안 유로존(유로화 사용 19개국) 직장인의 평균 임금은 2.7% 올랐다. 유로존 거주자가 월세를 내거나 주택담보대출을 갚는 데 쓰는 돈은 월급의 약 25%를 차지한다. 20년 전(17%)에 비해 크게 뛰었다. 독일의 중앙은행인 분데스방크는 독일의 부동산값이 실제 가치보다 15~30% 높다며 시장의 거품을 경고했다.

덴마크 등 일부 국가에선 주택담보대출 금리가 아예 마이너스로 내려갔다. 덴마크 위스케은행은 2019년 8월 10년 만기 주택담보대출에 -0.5%의 고정금리를 매긴 상품을 출시해 화제가 됐다. 1억 원을 빌리면 원금보다 적은 9,500만 원만 갚으면 된다. 은행에서 돈을 빌리면 이자를 내야 하는 우리나라 금융 관념과 정반대인 셈이다.

사람들은 대출 이자보다 높은 수익을 낼 수 있다고 판단하면 돈을 빌려서 투자를 한다. 대출금리가 낮아질수록 대출규모가 커지는 이유다. 심지어 마이너스 대출 금리는 나중에 원금보다도 적은 금액을 갚으면 되기 때문에 너도나도 대출을 받아 집을 사려고 한다. 부동산 시장에 흘러들어간 돈은 다시 부동산 가격 상승으로 이어진다.

거품 부푸는데 코로나 사태 까지··· 경기침체 뇌관 우려

저금리에 가계 부채가 늘어난 상황에서 코로나 사태까지 겹치면서 전 세계 주택담보대출에 대한 우려도 커지고 있다. 코로나 사태로 경기가 악화되면서 한계차주들이 대거 생길 수 있기 때문이다. 개인들이 빚을 갚기 어려워지면서 경기 침체 뇌관으로 떠오를 수 있다는 지적도 나온다.

딜로이트는 〈전 세계 주거용 부동산 시장에 대한 코로나19 영향〉 보고서에서 코로나 사태가 2008년 글로벌 금융위기 이후 처음으로 주택 부동산 시장에 위협이 될 수 있다고 지적했다. 부동산 대출은 가계 차주 빚의 상당 부분을 차지하고 있고, 임금 감소나 실직 등으로 당장 가계에 재정적인 위기가 올 수 있기 때문이다.

특히 제로금리로 풍부한 유동성이 부동산 시장으로 흘러들어갔던 유럽 지역에선 경제 악화 때 부동산대출이 취약한 부분이 될 수 있다. 딜로이트의 〈부동산 지표〉 보고서도 ECB의 확장적인 통화정책이 계속되면 평균 주택가격이 이전 글로벌 금융위기 때 수준을 넘어설 것으로 예상했다. 저성장 기조가 이어지다보면 주택 가격 인플레이션 역시 한계 수준에 도달하고 이때 늘어난 주택담보대출이 문제가 될 수 있다는 지적이다. 네덜란드의 가계 가처분소득 대비 주택담보대출 비중은 193.4%, 덴마크는 172.6%에 달한다. 가계가 쓸 수 있는 돈보다 빚이 더 많다는 의미다. 대출금리가 상승 추세로 변하면 취약계층 빚 부담이 갑작스럽게 늘어날 수밖에 없다.

우리나라 역시 가계대출 리스크에서 자유로울 수 없다. 우리나라 가계대출은 이미 1,600조 원을 훌쩍 넘었다. 특히 가계대출 상당수가 주택담보대출이라 경기 악화 때 취약한 구조다. 한국은행에 따르면 2020년 1분기 말 기준 가계신용 잔액은 1,611조 3,000억 원이다. 통계 작성 이후 최고치다. 가계신용은 은행과 보험사, 대부업체 등 금융사에서 받은 대출에 결제 전 카드 사용금액(판매신용)을 더한

'포괄적인 가계 빚'을 의미한다. 2020년 1분기 가계신용은 2019년 4분기 말보다 11조 원 늘었다. 특히 가계신용 중 가계대출은 1분기 말 기준 1,521조 7,000억 원으로 한 분기 만에 17조 2,000억 원이 늘었다.

가계대출 가운데 가장 큰 비중을 차지하는 것은 주택담보대출이다. 2020년 1분기 주택담보대출은 전년 말보다 15조 3,000억 원 늘어난 858조 2,000억 원으로 집계됐다. 한국금융연구원은 〈장기적인 저금리 추세의 배경과 시사점〉 보고서에서 "저금리의 장기화는 그 자체로 경제활동을 둔화시킬 가능성이 있을 뿐 아니라, 자산·금융 시장에서 수익 추구행위를 일으킬 수 있다는 측면에서 리스크에 주의해야 한다"고 지적했다. 낮은 금리가 계속되면 금융자산 수익률보다 주택 임대 수익률이 높고 주택구매를 위한 차입비용도 하락해 주택가격이 오르고 가계부채가 증가할 수밖에 없기 때문이다.

미국 금융사들이
제로금리에서
살아남는 법

"요즘 보험상품을 문의하는 젊은 층 대부분은 미팅하기 전 '어슈어런스IQ'를 통해 상품을 한 번씩 체크합니다. 빅데이터를 활용해 자신의 나이와 자산 현황, 보유 금융상품 등을 종합적으로 고려해 보험상품을 추천해주기 때문에 저희도 의존할 때가 많아요."

미국 LA 지역 대형 법인보험대리점에서 일하는 수파 매코이 매니저의 얘기다. GA는 다양한 보험사의 상품을 소비자가 비교해서 선택할 수 있도록 판매하는 곳이다. 기존에는 상품을 추천하는 데 매코이 매니저 같은 재무설계사의 능력이 절대적이었다면, 이제는 어슈어런스IQ와 같은 핀테크 업체가 이러한 기능의 상당 부분을 담당하기 시작했다.

2016년 창업한 핀테크 스타트업인 어슈어런스IQ는 데이터 사이언스와 인간 행동 분석 등을 바탕으로 보험에 가입하려는 사람들에게 최적 상품을 추천하는 서비스를 제공한다. 인상적인 것은 이 회사가 2019년 9월 자산 규모 미국 1위 보험사인 푸르덴셜에 23억 5,000만 달러(약 2조 7,500억 원)에 인수됐다는 점이다. 144년의 역사를 가졌지만 보수적인 보험업 특성상 그동안 인상적인 인수·합병이 거의 없었던 푸르덴셜의 이번 투자를 업계에서는 이례적으로 볼 정도다. 찰스 로리 푸르덴셜 회장은 "어슈어런스는 푸르덴셜의 자산관리 서비스를 확대하고 성장 가능성을 높일 것으로 기대된다"고 말했다.

2008년 글로벌 금융위기 이후 이어진 저금리로 미국 금융사들도 어려움을 겪고 있다. 금융위기 직후 사실상 '제로금리' 상태였던 미국 기준금리는 이후 9차례나 올랐지만, 2019년 8월 10년 7개월 만에 다시 인하의 흐름으로 돌아섰다. 이어 코로나19 사태가 심각해지자 연준은 2020년 3월 급기야 기준금리를 0~0.25%로 급격히 떨어뜨렸다.

스타트업 투자 강화하는 보험사

금융위기 이후 지속된 제로금리는 미국 금융사들의 구조조정과 함께 자산관리 서비스에서도 거대한 환경 변화를 일으켰다. 금융사들이 비용 절감을 위해 인원과 점포를 줄이면서 자산관리의 대상이 거액자산가들로 한정된 것이다.

여기서 소외된 사람들의 불만이 커져 나갈 때쯤 핀테크 업체들이 속속 등장했다. 어슈어런스IQ도 사회적 계층에 관계없이 누구나 온라인으로 편리하게 보험상품을 선택할 수 있도록 조언해 준다. 찰스 로우리 푸르덴셜 회장은 "어슈어런스IQ는 푸르덴셜의 자산관리 서비스를 확대하고 성장 가능성을 높일 것으로 기대된다"고 말했다.

미국 최대 보험사인 메트라이프도 스타트업 투자를 통해 제로금리의 어려움을 극복해 내고 있다. 메트라이프는 아시아 혁신센터인 루먼랩을 통해 다양한 스타트업과 파트너십을 맺거나 자체적으로 인슈어테크 기술을 개발하고 있다. 특히 루먼랩에서 전 세계 인슈어테크 기업을 대상으로 솔루션 개발 경진대회인 콜랩을 매년 개최하는데, 2019년 6월에는 한국에서 다섯 번째 대회인 '콜랩5.0'을 개최했다. 30여 개국에서 180여 개 기업이 참여했다. 메트라이프는 우승팀인 이스라엘 스타트업 기업 엔도와 솔루션 상용화를 위한 10만 달러의 계약을 체결했다. 엔도는 데이터 분석 전문가 없이 비즈니스 예측 분석이 가능한 AI 서비스를 개발, 보험 산업에 접목시킨다는 아이디어로 우승을 차지했다.

루먼랩은 세계 최초 블록체인 기술을 활용한 자동 보험금 청구 서비스인 비타나를 개발하기도 했다. 이는 임산부가 임신성 당뇨 진단을 받으면 보험금 청구 절차 없이 보험금을 지급받는 서비스다. 메트라이프생명은 2019년 10월 헬스케어서비스 스타트업들과 MOU를 체결하기도 했다. 건강관리·정보 앱인 '360헬스'를 통해 스타트업 기업들의 첨단 건강관리 솔루션을 선보인다는 계획이다.

정보통신기술 산업이 가장 발달한 미국인만큼 대형 금융사들은 적극적으로 대형 정보통신기술 회사나 핀테크 업체와 손을 잡고 있다. 이들의 투자가 활발해지면서 2018년 미국 핀테크 산업 투자는 사상 최대인 535억 달러를 기록했다. 2019년에도 상반기까지 183억 달러가 투자됐으며 대형 투자 건이 꾸준히 진행 중이다.

제로금리 시대는 대형 투자은행이자 '부자은행'으로 불리던 골드만삭스에도 큰 변화를 가져왔다. 골드만삭스는 2019년 여름 애플과 손잡고 애플페이에 특화된 애플카드를 실물로 발행했다. 이 카드는 구매액의 1~3%를 돌려주는 캐시백 서비스 때문에 미국 내에서 좋은 반응을 얻고 있다.

골드만삭스가 기꺼이 애플과 힘을 합친 것은 소비자 시장에 대한 진출 때문이다. 제로금리 시대로 투자은행IB 업무에서 벌어들이는 수익이 예전만큼 못하자 골드만삭스는 일반 소비자들을 위한 시장의 문을 꾸준히 두드렸다. 지난 2016년 온라인 대출 서비스에 특화된 온라인 은행 마커스를 시작한 것도 같은 맥락이다. 마커스는 신용 점수가 낮은 고객에게도 문을 활짝 열면서 그동안 골드만삭스가 접근하기 어려웠던 고객들을 대량으로 확보하는 데 도움이 됐다는 평가다.

은퇴자들에게도 금융교육 실시

미국 LA 다운타운에서 차로 20분 거리에 있는 글렌데일. 이 곳에는 비영리법인인 휴먼굿에서 운용하는 은퇴자 커뮤니티CCRC 중 한 곳인 윈저가 있다. 조용한 주택가 사이에 1931년 지어진 윈저에는 128개의 방이 있다. 독립적인 생활이 가능한 노인부터 혼자서는 생활이 불가능해 지원이 필요한 노인까지 100여 명이 이 곳에서 거주 중이다. 캘리포니아 지역 특성상 여러 인종이 섞여 있고 최근 은퇴한 65세부터 104세까지 나이대도 다양하다.

윈저에서는 매일 다양한 프로그램을 통해 은퇴자들의 사회성을 유지하는 데 도움을 준다. 1층에 위치한 대형 강당에서는 와인 테이스팅에서부터 유명 작가의 책 낭독, 두뇌 개발을 위한 게임 등 다양한 행사가 열린다. 게비 에이놀즈 매니저는 "노인들이 건강하게 오래 살려면 끊임없이 다른 사람을 만나고 적절한 수준의 운동을 해야 한다. 커뮤니티에서 열리는 이벤트 대부분은 이와 관련이 있다"고 설명했다.

최근 윈저에서 추가한 프로그램 가운데 하나는 디지털 금융교육이다. 미국에서도 비대면거래를 통한 금융이 급속도로 확산되고 있는데 이를 제대로 이용하는 노인이 많지 않기 때문이다. 2017년 퓨리서치센터 조사에 따르면 미국 65세 이상 인구의 67%가 인터넷을 이용하고 있지만 이들 가운데 온라인 뱅킹 이용자수는 절반이 안 되는 것으로 조사됐다. 또 65세 이상 인구의 약 80%가 스마트폰을 갖고 있지만 이들 중 14%만이 모바일 뱅킹을 이용하는 것으로 나타났다.

이에 따라 윈저에서는 매주 1시간씩 PC와 스마트폰을 이용한 금융거래방법을 반복해서 교육 중이다. 에이놀즈 매니저는 "프로그램 설치와 아이디를 만드는 기본적인 것에서부터 금융상품에 가입하는 것까지 전 과정을 실습한다. 같은 내용을 여러 차례 반복해 익숙해지도록 하는 것이 핵심"이라고 설명했다. 윈저에서 디지털 금융교육을 실시한 이래 은행업무를 보기 위한 노인들의 외출이 거의 없어졌다고 한다. 일부 노인의 경우 소액으로 주식 투자를 하는 사례도 나왔을 정도다.

미국은 대형은행들도 이러한 디지털 금융교육에 적극적이다. 미국 10대 은행에 꼽히는 캐피탈원은 노인에게 특화된 동영상 형식의 온라인·모바일뱅킹 학습프로그램인 '레디 셋 뱅크'를 개발해 보급 중이다. 60여 개의 동영상으로 구성된 이 프로그램은 온라인뱅킹에 대한 소개에서 시작해 사용법과 계좌관리 등 금융관련 전 과정을 담고 있다.

미국뿐 아니라 네덜란드에서도 자산 기준 1위인 ING은행이 금융 포용을 넓히는 방편으로 시각장애인 단체, 고령자 단체와 제휴를 통해 금융상품 개발과 서비스 제공에 대해 정기적인 컨설팅을 받고 있다. 또 실무단의 기획자, 모바일 앱 디자이너, 개발자 등은 디지털 소외계층과 접근성에 관한 교육을 따로 받는다. 서비스를 출시하기 전에 고령층이나 시각·청각 장애인을 대상으로 테스트도 반드시 거친다.

ING그룹의 브랜드 담당 마크 스멀더스 씨는 "ING는 디지털이 얼마나 쉽고 명확한지 고객이 알기만 하면 금세 이용할 것이라고 본다. 그렇게 할 수 없거나 하고 싶지 않은 고객을 위해 전통적인 방식도 남겨뒀다"고 말했다.

은행 점포 통폐합의 대안으로 '움직이는 점포'를 통해 금융 접근성을 보완하는 경우도 있다. 예를 들어 영국 스코틀랜드 왕립은행 RBS은 한 지역에 '지점' 개념으로 있는 은행이 아니라 매주 버스로 여러 지역을 순회하는 은행을 운영 중이다. 원래는 스코틀랜드의 멀리 떨어진 지역 고객을 위해 1946년부터 시행된 서비스인데 최근에는 요양원과 시각장애인 센터 등 440여 개 커뮤니티가 이를 이용할 정도로 확대됐다.

노년층의 디지털 금융과 관련해 미국은 정부 차원에서도 적극적이다. 미국 정부는 지난 2017년 10월 노년층에 대한 금융사기 등을 막기 위한 법을 제정했다. 상·하원의 초당적인 지지를 받아 통과된 이 법은 노년층을 대상으로 한 전화 또는 이메일 사기에 대해서는 벌금 또는 몰수 등의 형사처벌을 할 수 있도록 관련 규제를 강화했다. 또 주와 지방정부가 고령층에 대해 금융 관련 교육과 정보를 제공해야 하는 것을 의무화하는 등 이들에 대한 적극적인 지원을 하고 있다.

다만 디지털 금융에 대한 고령층 교육과 정책 수립 때 신중한 접근도 필요하다는 지적도 나오고 있다. 에이지UK의 크리스 브룩스

선임 정책매니저는 "고령층이라고 해도 자산을 불리려는 사람과 안정을 추구하는 사람 등 여러 욕구가 있다는 점을 인지해야 한다"고 지적했다. 모든 나이 든 고객이 디지털에 무지하거나 금융상품 이해도가 떨어진다고 치부해선 안 된다는 의미다. 그는 "이를 위해 금융사와 직원들은 고령층의 다양한 요구에 응답할 수 있도록 훈련돼 있어야 한다"고 말했다.

옷장예금만 늘렸던
일본의 후회

　일본 나고야 인근 중소도시 노인합숙소에 거주하는 오카모토 씨 (69). 60대 초반에 은퇴한 그는 이후 삶의 절반가량을 철창 속에서 지냈다. 한때 도요타 계열 부품회사에서 일하면서 중산층 삶을 누렸던 그는 집을 포함한 대부분의 은퇴자금을 아내 간병비로 날린 뒤 사실상 빈털터리가 됐다. 결국 그가 선택한 것은 경범죄. 경찰 앞에서 일부러 자전거를 훔치는 시늉을 하다 현장에서 체포돼 6개월간 징역형을 산 것이 그의 첫 번째 교도소 생활이다.

　오카모토 씨는 "일본은 작은 범죄도 실형을 내리는 일이 많아 이후에도 비슷한 건으로 두세 차례 더 교도소를 들락거렸다. 당장 살기는 힘든데 모아둔 돈은 없으니 먹고살게 해주는 교도소를 선택할 수밖에 없었다"고 털어놓았다. 일본 내 만 65세 이상 고령자 범죄는 최근 20년 새 4배 가까이 급증했다.

1억 원 맡기면 이자 1만 원… 연금에 목숨 걸다

20년 이상 저금리가 지속되다 급기야 2016년 10년 만기 국채 수익률이 -0.025%를 기록하면서 마이너스금리로 떨어진 일본은 금융자산을 운용해 노후를 대비하는 것이 거의 불가능하다. 은행 이자는 1년을 맡겨도 고작 0.01%를 준다. 1억 원을 정기예금에 넣어도 이자가 1만 원에 불과하다는 얘기다. 이 때문에 은퇴를 앞둔 사람들은 투자보다는 연금에 목숨을 건다.

'국민연금·퇴직연금·개인연금' 3층 구조인 우리처럼 일본도 '공적·기업·개인' 3층 구조 연금체계를 갖추고 있다. 제로금리 탓에 일본 국민연금과 기업연금의 수익률이 좋지 않다. 이 때문에 정부에서는 개인형 퇴직연금이나 자산 형성 지원 제도 가입 등을 장려하고 있다. 개인이 넣는 돈에 세제 혜택 등을 줘서 수령액을 최대한 늘릴 수 있게 해주는 정책이다.

그러나 연금 수령액이 갈수록 줄어들면서 연금을 받는 사람도 퇴직 후 재취업을 하는 것이 일반화되고 있다. 사실상 죽을 때까지 일하는 구조가 된 것이다. 일본 도쿄에 거주하는 미타라이 히사미 씨(72)는 '9년차 퇴직자'다. 노무라종합연구소를 다니던 그는 2011년 9월 퇴사했다. 좋은 직장으로 불리는 곳에서 40년간 일한 덕분에 그는 비교적 안정적인 노후 생활을 누리고 있다.

"제로금리 사회에서는 재산을 늘릴 수가 없다. 연금을 받으면서 그럭저럭 살고 있지만 병에 걸리거나 큰돈을 써야 할 일이 생기면 당장 자동차부터 팔아야 할 것이다. 모아놓았던 예금도 쓰고 그것으로도 모자라면 역모기지론까지 생각해야 한다."

미타라이 씨가 2019년 기준 매년 연금으로 받는 돈은 570만 엔 (약 6,500만 원). 그의 노후 소득이 다른 일본 퇴직자보다 많은 것은 기업연금 때문이다. 회사를 떠날 때 퇴직금 4,000만 엔 중 3,000만 엔을 회사에 위탁한 그는 사망시까지 매년 300만 엔을 기업연금 형태로 받는다. 일본 경제가 위축되기 전 사회생활을 시작한 세대인 만큼 '좋은 시절'의 혜택도 유지되고 있는 것이다. 여기에 공적연금인 국민연금에서 연간 120만 엔, 정규직 근로자나 공무원을 대상으로 한 공적 성격의 후생연금도 매년 150만 엔 수령한다.

미타라이 씨는 "소득은 일본 평균 퇴직자의 두 배 수준이지만 자산 자체는 늘지 않고 있다"고 하소연했다. 본인의 은퇴 후 재정 상황을 A4 용지에 인쇄해 온 그는 이유를 하나씩 설명했다. 미타라이 씨는 아내와 자녀 1명 등 총 3명의 가족을 부양하고 있다. 의무적으로 내야 하는 재산세·주민세 등 세금과 건강보험료만 해도 매년 90만 엔에 달한다. 여기에 의료비 50만 엔과 식비 200만 엔까지 감안하면 이미 연금의 절반이 없어지는 상황이다. 그는 "추가로 난방비·전기료 등 기타 공과금, 통신비, 암보험료와 여가활동비, 기본적인 가족 생활비까지 다 더하면 연간 쓰는 돈이 대략 630만 엔"이라고 말했다. 연금 소득 570만 엔을 초과하는 액수다.

미타라이 씨가 리츠메이칸 아시아태평양대와 시가대에서 시간강사로 일하고 있는 것도 이 때문이다. 그는 "시간 강사로 버는 돈이 매년 70만 엔 정도"라고 말했다. 우리 돈으로 6,000만 원 이상의 노후 소득을 올리고 있지만 저축을 할 수 있는 돈은 단 10만 엔(약 106만 원)뿐이다. 병원에 입원하거나 오래된 자동차를 바꾸면 그동안 모아놨던 예금 1,600만 엔에 손을 대야 한다.

그는 투자신탁 등을 중심으로 재테크를 하고 있지만 큰 재미를 보지는 못했다. 미타라이 씨는 "퇴직 전에도 금 거래로 수백만 엔의 손해를 봤다"고 토로했다. 그의 부동산 자산도 그가 직접 거주하는 도쿄에서 60km 떨어진 가마쿠라 시에 위치한 시세 3,000만 엔의 단독주택이 전부다.

고령층 저축 선호 성향이 돈맥경화 불러와

제로금리 시대의 일본은 '부_富의 고령화'와 그로 인한 '돈맥경화'로 골머리를 앓고 있다. 저금리 시대 속 길을 잃은 유동 자금이 급격한 고령화와 맞물려 60대 이상 노년층에 집중돼 있기 때문이다.

타케하나 카추토시 일본 노무라종합연구소 수석연구원은 "일본 전체 가계 금융자산 중 약 3분의 2가 노년층에 몰려 있다"고 설명했다. 일본은행BOJ에 따르면 2019년 6월 기준 일본 가계 총 금융자산 규모는 1,860조 엔(약 2경 1,430조 원)이다. 타케하나 수석연구원은 "문제는 제로금리 시대로 마땅한 투자처가 없다는 것과, 일본 고령층의 '저축 선호 성향'이 겹쳐 이 같은 막대한 자금을 회전시키지 못하고 있는 것"이라고 우려했다.

잃어버린 20년 전에 직장생활을 시작해 큰 어려움 없이 부를 축적하고 퇴직한 일본의 고령층은 자산을 은행에 모아두는 성향이 특히 강하다. 일본 총무성에 따르면 60대 이상 퇴직 가구(2인 이상)의 저축성 자산 중 66%는 예·적금이다. 일본에서 자산 운용이나 자산관리보다 '자산 형성'이라는 표현이 더 보편화돼있는 이유다.

일본 정부는 이 같은 흐름을 바꾸기 위해 2000년대 들어 '저축에서 투자로'라는 슬로건을 내걸며 대대적인 투자 장려 정책을 시행해 왔다. 부의 고령화를 막기 위한 대책도 내놓고 있다. 타케하나 수석연구원은 "노년층이 자식에게 부동산을 생전 증여할 경우 정부 차원에서 세제 혜택을 주고 있다. 은행들도 상속 상담 자문 서비스를 강화하는 중"이라고 설명했다. 하지만 여전히 일본 가계 금융자산의 절반 이상은 현금·예금에 몰려 있다. 그나마 투자에 관심 있는 자산가들조차 '미들 리스크-미들 리턴', 즉 안전 자산만으로 포트폴리오를 구성하고 있다.

하지 코이치 일본 닛세이기초연구소 전무는 "30년 이상 경제를 연구했지만 이렇게 금리가 떨어질 것이라고는 상상을 못했다. 한국도 앞으로 상상할 수 없는 일들이 벌어질 거라는 점을 명심해야 한다"고 조언했다.

2019년 6월 정부가 발표한 보고서 하나 때문에 온 일본이 들썩였다. 일본 금융청 금융심의회가 발표한 〈고령 사회에 있어서의 자산형성·관리〉 보고서가 "노후에 공적연금이 부족할 수 있으니 각자가 총 2,000만 엔(약 2억 3,000만 원) 정도의 부족분을 축적해야 한다"는 내용을 담았기 때문이다.

다케하나 가쓰토시 노무라종합연구소 수석연구원은 "일본인은 그동안 금리에 따른 이자와 부동산 그리고 공적연금이라는 3개 축에 개인 자산관리를 의존해 왔다. 3개 축이 하나씩 다 무너지면서 노후를 지탱할 방법이 사라졌다고 느낀 것"이라고 설명했다. 이 흐름의 '피해자'는 현재 사회생활의 주축인 30~50대. 일본 내 외국계 금융사에서 일하고 있는 아오스키 마사키 씨(41)는 "몇 년 전부터 지인들과 '좋은 시절을 보낸 60대 이상과 달리 우리는 연금을 많이 못 받을 것 같다'는 얘기를 하기 시작했다"고 말했다.

우리나라 국민연금은 지금 세대가 낸 보험료를 국민연금공단에 맡겼다가 은퇴 후 돌려받는 '적립 방식'이다. 반면 일본 공적연금은 현역 세대가 낸 보험료로 은퇴 세대에 지급할 연금액을 충당하는 '부과방식'이다. 연금을 받는 사람은 늘고 보험료를 낼 수 있는 사람이 감소하면 결국 퇴직 후 연금 수령액은 줄어들 수밖에 없다. 하지고이치 일본생명기초연구소 전무는 "세대 간 대립이 확산할 것"이라고 진단했다. 하지만 정작 일본에서 돈을 들고 있는 이는 퇴직자들이다. 2018년 일본 총무성 조사에 따르면 가구주가 70세 이상인 가구의 저축성 자산 규모는 평균 2,249만 엔 수준인 데 비해 40세 미만은 3분의 1도 안 되는 600만 엔에 불과하다.

정규직 근로자와 공무원 노후 소득에서 많게는 절반에 가까운 비중을 차지하는 기업연금 또한 제로금리 시대 직격탄을 맞았다. 저금리 시대 장기화로 운용 수익이 줄면서 기업에 부담으로 작용하고 있기 때문이다. 2018년 일본 공적연금 수익률은 -7.50%로 글로벌 금융위기 이후 최저치를 기록했다. 정부가 소액 비과세 저축계좌NISA나 개인형 퇴직연금인 이데코를 장려하는 것도 기업연금이 파탄날 수 있다는 이유에서다. 도쿠시마 가쓰유키 일본생명기초연구소 연금센터장은 "앞으로 '해피 리타이어먼트(행복한 은퇴 생활)'는 없다. 퇴직 후 건강을 유지하면서 길게 일하는 것만이 노후 대책이 될 것"이라고 말했다.

일본도 현금 없는 사회로

제로금리가 장기화되면서 일본 금융사회도 현금 없는 사회인 '캐시리스cashless'로 바뀌고 있다. 일본 주요 상점 곳곳마다 가게 출입문에 'cashless'라는 문구가 적힌 붉은색 포스터가 붙어 있다. 일본 정부가 중소 가맹점과 편의점 등을 대상으로 시행 중인 '비현금 결제 포인트 환급 제도'를 홍보하기 위한 포스터다. 포스터 옆에는 '페이페이PayPay 고객은 최대 10% 환원'이라는 또 하나의 작은 안내문도 붙어 있다. 인도 최대 결제 서비스 회사 페이티엠과 야후재팬, 소프트뱅크가 함께 출시한 QR코드 기반 모바일 결제 서비스인 '페이페이'를 이용하면 결제액의 5%(최대 10%)를 추가로 돌려받을 수 있다는 뜻이다.

다른 선진국에 비해 현금 사용이 비중이 높았던 일본 정부는 도쿄 올림픽을 계기로 '현금 없는 사회'를 강하게 추진하고 있다. 디지털 금융산업 육성과 함께 노동 집약적인 일본 금융산업의 한계를 극복하기 위해 디지털 전환을 강조하고 있는 것이다. 이 같은 변화는 2019년 10월 일본 정부가 단행한 소비세 인상이 계기가 됐다. 정부는 소비세를 8%에서 10%로 올리면서 '소비 절벽' 등 부작용을 최소화하기 위해 비현금 결제액의 2~5%를 소비자에게 돌려주는 제도를 운영하고 있다. 이에 따라 중소 가맹점은 5%, 편의점 등은 2% 캐시백 혜택을 제공한다. 페이업체들에 보조금을 제공하기 위해 배정해놓은 정부 예산만 2,798억 엔(약 3조 2,000억 원)에 달한다.

전폭적인 활성화 정책 덕분에 '현금 사회'였던 일본 내 디지털 페이 서비스가 빠르게 확산하고 있다. 업계 1~2위를 다투는 페이페이는 출시 후 사용자가 꾸준히 늘고 있다. 사용자 1,000만 명을 확보하는 데 서비스 출시 후 307일이 걸렸는데, 정부의 캐시백 정책에 힘입어 이후 3개월 만에 사용자 수가 2,000만 명으로 늘었다.

제로금리 장기화 때문에 일본에서도 기존과 다른 투자와 자산 증식의 새로운 수단으로 핀테크가 부상하고 있다. 키토 다케시 일본 핀테크협회 부회장은 "한국이나 중국보다는 느리지만 일본 핀테크도 제로금리 시대 속 젊은 세대의 자산 증식 도구로 자리 잡고 있다"고 말했다. 아직 규모는 작지만 클라우드펀딩이나 로보어드바이저 기업들이 등장하면서 개인, 특히 젊은 층에게 자산 관리의 새로운 돌파구를 보여주고 있다.

이처럼 일본 핀테크는 저금리 사회에 구원투수로 등판하면서 역할과 규모를 키우고 있다. KPMG의 〈2019 세계 100대 핀테크기업〉 보고서에서는 일본 핀테크 기업 4곳이 최종 100대 회사에 선정됐다. 2017년만 해도 일본 핀테크는 우리나라와 동일하게 1곳만 선정됐다. 하지만 불과 2년 사이에 우리나라(2곳)보다 많은 4개 회사가 100대 핀테크 기업에 포함된 것이다. 100대 핀테크에 포함된 일본 회사 4곳 중 2곳은 자산 운용과 투자 분야 사업을 영위하는 기업이다.

'폴리오'는 증권 투자 중개 서비스를 제공하는 플랫폼을 만들어 히트를 치고 있다. 로보어드바이저 기능이 있어 직접 투자처를 고르지 않아도 되고, 개인 맞춤형 자산 관리 기능을 선보여 기존 금융사와 다른 대체재 역할을 하고 있다. '토로나테크'는 자산 관리 전문 핀테크로, '토라노코'라는 스마트폰 앱을 2017년 출시했다. 토라노코는 잔돈 재테크 서비스를 제공하고 있다. 소비자가 결제하고 남은 잔돈을 모아 투자 펀드에 넣어 자산을 불리는 개념이다.

핀테크는 일본 정부의 국가 성장 전략 청사진인 '소사이어티 5.0'의 5대 축 중 하나다. 일본 정부는 저금리 장기화로 경제 활력이 떨어지고 은행 수익성이 악화된다는 판단 아래 해법을 고심해 왔다. 고민 끝에 찾은 답이 핀테크다. 정부의 정책 드라이브로 일본 금융 소비자들은 자산을 운용·관리할 수 있는 도구가 많아졌다.

이처럼 투자 공식을 새롭게 쓰고 있는 일본 핀테크는 발전 가능성도 높다는 평가를 받는다. 고객을 위해 맞춤형 투자처를 발굴해

자산을 운용해주는 일본 로보어드바이저 분야 선두 주자인 '웰스내비'는 2019년 말 닛케이의 차세대 유니콘 조사에서 기업가치 390억 엔을 기록하며 전체 7위를 차지했다. 2019년 말 기준 웰스내비 서비스에 등록된 계정 숫자는 30만 개에 육박한다. 특히 30~50대 회원 비중이 80%에 이른다. 이 중 30대, 40대 비중이 각각 34%, 31%를 차지한다. 웰스내비 이용자 중 72%는 은행에 잠자고 있는 여유 자금을 생산적으로 운용하기 위해 가입했다고 답했다.

다케하나 가쓰토시 노무로종합연구소 수석연구원은 "최근에는 라인 같은 빅테크 기업들도 앱 내에서 주식 투자, 보험 가입을 할 수 있도록 서비스를 확대하고 있다"고 설명했다. 라인은 2019년 8월 주식 투자 기능을 앱에 탑재했다.

코로나 재테크
제로금리 사용설명서

초판 1쇄   2020년 8월 1일

지은이   매일경제 금융부
펴낸이   서정희
펴낸곳   매경출판㈜
책임편집   권병규
마케팅   신영병 이진희 김예인
디자인   김보현 김신아

매경출판㈜
등록   2003년 4월 24일(No. 2-3759)
주소   (04557) 서울시 중구 충무로 2(필동1가) 매일경제 별관 2층 매경출판㈜
홈페이지   www.mkbook.co.kr
전화   02)2000-2631(기획편집) 02)2000-2636(마케팅) 02)2000-2606(구입 문의)
팩스   02)2000-2609   **이메일**   publish@mk.co.kr
인쇄·제본   ㈜M-print 031)8071-0961
ISBN   979-11-6484-157-8(03320)

책값은 뒤표지에 있습니다.
파본은 구입하신 서점에서 교환해 드립니다.

이 도서의 국립중앙도서관 출판예정도서목록(CIP)은 서지정보유통지원시스템 홈페이지(http://seoji.nl.go.kr)와
국가자료공동목록시스템(http://www.nl.go.kr/kolisnet)에서 이용하실 수 있습니다.
(CIP제어번호: CIP2020029135)